遗传资源和相关传统知识获取与惠益分享制度探索与实践

YICHUAN ZIYUAN HE XIANGGUAN CHUANTONG ZHISHI
HUOQU YU HUIYI FENXIANG ZHIDU
TANSUO YU SHIJIAN

生态环境部对外合作与交流中心 / 编著

中国环境出版集团 · 北京

图书在版编目（CIP）数据

遗传资源和相关传统知识获取与惠益分享制度探索与实践/生态环境部对外合作与交流中心编著. —北京：中国环境出版集团，2022.8

ISBN 978-7-5111-5233-6

Ⅰ. ①遗… Ⅱ. ①生… Ⅲ. ①种质资源—资源管理—立法—研究—中国 Ⅳ. ①D922.604

中国版本图书馆 CIP 数据核字（2022）第 151311 号

出 版 人 武德凯
责任编辑 雷 杨
封面设计 宋 瑞

出版发行 中国环境出版集团
（100062 北京市东城区广渠门内大街 16 号）
网 址：http：//www.cesp.com.cn
电子邮箱：bjgl@cesp.com.cn
联系电话：010-67112765（编辑管理部）
发行热线：010-67125803，010-67113405（传真）

印 刷 北京建宏印刷有限公司
经 销 各地新华书店
版 次 2022 年 8 月第 1 版
印 次 2022 年 8 月第 1 次印刷
开 本 787×1092 1/16
印 张 14
字 数 375 千字
定 价 78.00 元

编委会

章节作者

绪　论

刘海鸥

第一章

第一节　陆轶青　第二节　王　也　第三节　万夏林

第二章

第一节　冷　斐　第二节　关　婧　第三节　王　琛

第四节　陈继波　第五节　杜乐山　第六节　杨　涵

第三章

第一节　王爱华　第二节　陈　蓉

第三节　赵新华　第四节　刘文慧

第四章

第一节　葛　倩　第二节　夏绍嫘　第三节　欧　芳

第五章

第一节　温红芳　第二节　张　燕

前 言

遗传资源是经济社会可持续发展的战略资源，蕴含着商业开发价值。近年来，遗传资源及其相关传统知识获取与惠益分享在《生物多样性公约》（以下简称《公约》）和《关于获取遗传资源和公正公平分享其利用所产生惠益的名古屋议定书》（以下简称《名古屋议定书》）的履约谈判中不断升温，各缔约方尤其是遗传资源较为丰富的发展中国家纷纷行动起来，建立和实施遗传资源和相关传统知识获取与惠益分享的框架，保护国家、地方社区和土著居民的利益。

中国是《公约》和《名古屋议定书》的缔约方，同时也是生物多样性最为丰富的发展中国家之一，其在相关领域开展的工作备受国际关注。为保护国家遗传资源和相关传统知识，推动建立和实施遗传资源及其相关传统知识获取与惠益分享的国家框架，生态环境部对外合作与交流中心与联合国开发计划署于 2014 年共同申请了“全球环境基金（GEF）建立和实施遗传资源及其相关传统知识获取与惠益分享的国家框架项目”（以下简称 ABS 国家项目），利用国际赠款资金组织开展了大量的政策推进、科学研究、宣传培训、地方试点等示范性活动，为建立和实施遗传资源及其相关传统知识获取与惠益分享的国家框架开展了从中央到地方的立法探索与能力建设实践。为全面展示项目成果，ABS 国家项目组将相关成果进行了汇编、总结并形成了本书。

全书共包含了前言、绪论和5章内容。绪论部分介绍了ABS国家项目的基本背景、项目实施的整体情况和项目的亮点与主要成效。第一章对遗传资源相关问题的概况进行了整体介绍，涉及遗传资源及其相关传统知识的研究现状、国内微生物遗传资源的流出及引入情况、国内外企业在华生物勘探情况、遗传资源立法实施前景，并提供了可供参考的地方立法指南。第二章介绍了遗传资源和相关传统知识国家框架建立所需要的配套制度、程序等问题的研究情况，包括遗传资源获取与惠益分享法规制度的适用性研究、遗传资源相关传统知识管理制度研究、集体管理制度研究、遗传资源及其相关传统知识分享协议研究、信息共享制度研究、共享财税机制研究等。第三章介绍了遗传资源相关的前沿问题，涉及遗传资源数字序列信息概念和类型研究、社会性别研究以及中国遗传资源获取与惠益分享立法的国际、国内法律衔接问题研究等。第四章介绍了地方试点成果，包括3个省（区）的试点示范整体情况、立法经验、企业社区示范协议3个部分。第五章介绍了ABS国家项目管理办公室开展的能力建设和意识提升活动情况，包括编制的教材、宣传材料和系列培训。

本书可作为参与或关注履行《公约》《名古屋议定书》的政府、私营部门、社会组织工作人员、科研工作者和地方社区居民的参考书目，也可作为公众了解学习遗传资源及相关传统知识获取与惠益分享的工具书。受篇幅限制，本书对每个研究报告均进行了精简，对示范和宣传活动的成果也只介绍了基本情况，对研究报告全文、相关活动以及具体组织情况感兴趣者可联系生态环境部对外合作与交流中心获取详细信息。

因时间仓促加之编者水平有限，书中难免会有不当乃至错漏之处，敬请广大读者指出。

目 录

绪　论

项目背景

遗传资源（genetic resources）是指具有实际或潜在价值的来自植物、动物、微生物或其他来源的任何含有生物遗传功能单位的材料、衍生物及其产生的信息资料（不包括人类遗传资源）[①]。与遗传资源相关的传统知识（traditional knowledge）是指各族人民及地方社区在长期的传统生产生活实践中创造、传承和发展的有利于遗传资源保护和可持续利用的知识、创新和做法。遗传资源是国家战略资源，是经济社会可持续发展的基石，也是国家生态安全和生态文明的重要保障。

国际社会非常重视遗传资源及其相关传统知识获取与惠益分享工作。1992 年生效的生物多样性领域的国际法——《生物多样性公约》将“遗传资源和公平公正分享其利用所产生的惠益”作为三大目标之一。2010 年 10 月《公约》第十次缔约方大会（COP10）通过了遗传资源及其相关传统知识获取与惠益分享专项保护法——《名古屋议定书》，进一步明确了各国对遗传资源享有主权权利，能否获取遗传资源取决于各缔约方政府；获取遗传资源须经提供国事先知情同意；在共同商定条件下，公平分享因遗传资源利用所产生的惠益等。

长期以来，中国一直是发达国家获取遗传资源和相关传统知识的主要对象。国外机构和个人大量开发利用中国遗传资源和传统知识，但都未与中国分享惠益，中国遗传资源和相关传统知识流失形势十分严峻。党中央、国务院高度重视遗传资源和传统知识的保护和管理。自 2004 年以来，国务院先后批准并发布《关于加强生物物种资源保护与管理的通知》《全国生物物种资源保护与利用规划纲要》《中国生物多样性保护战略与行动计划（2011—2030 年）》，并将建立遗传资源和相关传统知识获取与惠益分享制度列为战略任务。2014 年 12 月 8 日，中国生物多样性保护国家委员会审议并通过了关于中国加入《名古屋议定书》的建议和《加强生物遗传资源管理国家工作方案（2014—2020 年）》，要求原环境保护部、国务院法制办会同相关部门组织力量尽快起草《遗传资源获取管理条例》，确保加入议定书后，履约工作于法有据。《国务院 2016 年立法工作计划》中要求国务院法制办会同有关部门做好《名古屋议定书》等国际条约和协定的审核工作，并把《遗

① 原环境保护部（现生态环境部）：《生物遗传资源获取与惠益分享管理条例（草案）》（征求意见稿）中对“生物遗传资源”的术语定义。《公约》第 2 条将“遗传资源”定义为具有实际或潜在价值的遗传材料；“遗传材料”是指来自植物、动物、微生物或其他来源的任何含有遗传功能单位的材料。

传资源获取管理条例（环境保护部起草）》作为预备项目，推进相关立法工作。2016 年 6 月 8 日，中国政府向《公约》秘书处递交加入《名古屋议定书》的文书，2016 年 9 月 6 日正式生效，中国成为第 78 个缔约方。

中国具有双重身份，既是遗传资源提供国，又是获取国。在《公约》和《名古屋议定书》的谈判、履约和遗传资源以及传统知识的保护与管理工作中都面临着更为复杂的挑战，这对中国构建遗传资源和相关传统知识获取与惠益分享国家框架提出了更高要求。为此，需要开展大量深入系统的研究、广泛且富有创新性的探索以及具有前瞻性的试点。正是出于这种考虑，在财政部国际财金合作司、生态环境部自然生态保护司和国际合作司的指导和支持下，生态环境部对外合作与交流中心与联合国开发计划署（UNDP）于 2014 年共同申请了“全球环境基金（GEF）建立和实施遗传资源及其相关传统知识获取与惠益分享的国家框架项目”（以下简称 ABS 国家项目），旨在推动中国建立实施 ABS 国家项目的法律制度和制度框架，确保与遗传资源及相关传统知识的提供者公平公正地分享惠益；切实履行《公约》与《名古屋议定书》，为生物资源的保护和可持续利用提供制度保障；实现对生物多样性以及相关传统知识保护的目标。

项目实施的整体情况

为推动建立实施 ABS 国家项目的制度框架，经过近 6 年（2016—2022 年）的努力，ABS 国家项目利用 443.62 万美元赠款，推动并建立了部门间的协调和沟通体系，开展了大量专项研究，弥补了国内在该研究领域的空白，在国家和地方层面组织了一系列的培训、研讨和宣传活动，并分别在湖南、广西和云南 3 个省（区）开展了试点示范活动。ABS 国家项目在 UNDP 组织的项目终期独立评估中得到了“高度满意”的评估等级，这也是全球环境基金项目的最高评估等级。

独立评估专家对本项目的具体评价意见：

项目整体目标已实现，部分目标甚至超出了预期，项目开展的活动以及达成的成果超出了全球环境基金赠款的预期。

在项目文件中描绘的战略框架的 18 项指标中，16 项已实现，2 项部分实现并有望在项目结束后全面交付。具体评估结论：

整体项目实现了预定目标，评估结果为“高度满意”。对项目的 3 个组成部分（组分）目标评估分别为：

组分一：高度满意，5 个相关指标均达成；

组分二：满意，5 个相关指标均已达成；

组分三：高度满意，所有指标均已达成。

项目实施亮点与成效

ABS 国家项目之所以获得了独立评估专家如此高的评价，原因在于其取得了众多突破性的进展。这些亮点大致可以归纳为以下 8 个方面：

亮点 1：项目指导委员会领导高度重视，为项目实施提供了坚实的保障。ABS 国家项目指导委员会成员单位财政部国际财金合作司、生态环境部自然生态保护司、UNDP 和生态环境部对外合作与交流中心的领导高度重视本项目，每年年初审查上一年度项目的工作进展，指导工作计划的制订，为项目实施提供了坚实的保障。

亮点 2：国际执行机构深度参与，与实施机构建立了良好的合作机制。ABS 国家项目在实施过程中，作为国际执行机构的 UNDP 与作为实施机构的生态环境部对外合作与交流中心形成了良好的合作机制，定期调度项目，指导项目活动开展，参与解决项目遇到的各种问题，帮助项目在前期还处于滞后的情况下不断突破创新，最终取得了“高度满意”的最高评估等级。

亮点 3：开展多项前瞻性研究，为建立 ABS 国家制度和法律框架奠定了坚实基础。ABS 国家项目选择了众多国家的空白领域开展了前瞻性研究，包括 ABS 立法实施前景及对策、ABS 示范协议、涉外管理、传统知识集体管理制度、信息共享制度、财税机制、地方立法指南等，率先编制了一系列模板文件。这些成果直接为遗传资源及其相关传统知识获取与惠益分享国家框架构建提供了重要参考。

亮点 4：推动试点省（区）率先立法，为其他地区提供示范。ABS 国家项目选择湖南、广西和云南 3 个省（区）作为项目试点，通过提供资金和技术支持，推动 3 个省（区）在全国率先颁布地方性法规政策，为其他地区起到了示范作用。

亮点 5：指导完成 17 份惠益分享协议签署，覆盖遗传资源主要行业。在 ABS 国家项目尤其是地方试点示范项目的支持下，遗传资源的使用方（企业、科研机构）与提供方（地方社区和居民）共同签订了 17 份遗传资源获取与惠益分享协议，涉及遗传资源相关性最高的化妆品、保健品、食品、农业、医药等行业，为其他地区签订 ABS 协议提供了借鉴。

亮点 6：对遗传资源的保护采用了多种形式，建立了大量保护点。通过试点工作的开展，推动了遗传资源的保护。湖南省保护湘西黑猪纯种猪群体规模为 11 626 头，保靖县在七大古茶园保护了 2 057 株明清以前的古茶树，古丈县保护古丈毛尖老茶园 27 处、老茶树 5 100 棵；广西分别建立了约 2 000 m^2 的罗汉果种苗基地和 3 000 m^2 的金花茶种苗基地，建立了 20 个金花茶就地保护点，并就保护点签订了三方保护协议，金花茶野外回归种植株数约 12 000 株；云南超过 1 000 种傣医药相关的物种在西双版纳国家级自然保护区内得到有效保护。

亮点 7：注重性别平等，率先开展遗传资源社会性别研究。虽然项目在设计时未对性别平等问题提出具体要求，但 ABS 国家项目在实施过程中，非常重视性别主流化问题。一是在项目管理人员的选聘中注重性别平等。ABS 国家项目启动以来，前后共有 3 位项目经理，均为女性。二是注重女性参与培训。ABS 国家项目组织的系列培训活动中，重视女性参与培训活动，在 26 场次的培训受众中，40%为女性。三是注重性别问题研究。ABS 国家项目针对遗传资源与社会性别问题委托专家开展了专项研究。在专家的选聘过程中，对合格的女性专家给予了优先考虑。

亮点 8：开展系列宣传培训活动，利用多种渠道推广项目成果。ABS 国家项目累计开展了 26 场次的培训会，培训机构达 326 家，超过 800 名参与者，累计发放宣传材料 7 000 余份，并组织了形式多样、内容丰富、受众广泛、影响持久的 ABS 意识提升活动，制作了项目视频、宣传动画、宣传折页、宣传品等，通过电视、网站、微信、线下宣传等活动，累计影响约 10 万人。制作出版发行 ABS 培训教材。项目成果在联合国《公约》第十五次缔约方大会（COP15）第一阶段会议 COP15 线下展览中进行了展示。

第一章
基础性研究

随着《名古屋议定书》的生效和实施，遗传资源及其相关传统知识获取与惠益分享逐渐成为国内外研究的热点，国内越来越多的科研机构和专家投入相关研究领域。关于遗传资源和相关传统知识的成果不断增加，对希望快速了解该领域研究进展情况的管理人员和科研人员造成了一定困扰。为此，本章整理了 ABS 国家项目支持的生物遗传资源和传统知识研究现状、国内外企业在华生物勘探情况、中国遗传资源立法实施前景等报告的内容。

第一节　遗传资源及其传统知识研究现状[①]

本节内容来自《遗传资源和传统知识研究现状的综述研究报告》（报告于2017 年 7 月完成），该报告梳理了遗传资源和传统知识研究的相关背景、国内遗传资源和传统知识研究现状，从遗传资源和传统知识的保护、调查分类、获取与惠益分享、相关知识产权研究 4 个方面展示了研究结果，并针对加强本底数据统计和相关数据库的建立研究、细化保护、获取与惠益分享法律制度研究、开展遗传资源和传统知识地方立法研究等方面提出了建议。通过阅读本节，可以大致了解国内遗传资源和传统知识的研究现状、整体趋势、学科分布、领先机构和权威专家等信息，并在相关建议中得到对今后工作的启示。

一、中国遗传资源及其相关传统知识的论文发表情况

通过对中国知网（CNKI）的中国学术期刊全文数据库 1953—2016 年以“遗传资源－人类遗传资源”为关键词精确搜索[②]，共获得 2 474 篇期刊论文，190 篇博硕士学位论文。以“传统知识－知识分子”为关键词精确搜索[③]，获得 405 篇期刊论文，105 篇博硕士学位论文。以关键词精确搜索，截至 2016 年，中国关于遗传资源和传统知识的学术研究期刊论文共计 3 174 篇。通过 Springer 外文文献数据库检索，截至 2016 年，与中国遗传资源相关的外文论文共计 2 741 篇，与中国传统知识相关的外文论文共计 350 篇，合计 3 091 篇。在 3 091 篇外文论文中，英语论文为 3 079 篇，德语论文为 11 篇，法语论文为 1 篇。

---

① 该节内容源于武汉大学王镥权老师完成的《遗传资源和传统知识研究现状的综述研究报告》。

② 在我国，对“生物遗传资源”的早期研究中多采用“遗传资源”的表述。然而，“遗传资源”不仅包括“生物遗传资源”也包括“人类遗传资源”，因此，本报告相关统计去除了关键词为“人类遗传资源”的文献。实际上，仅采用“生物遗传资源”作为关键词，也容易漏掉以“植物遗传资源”“畜禽遗传资源”“农业遗传资源”为关键词的文献，由此，本报告采用“遗传资源”作为搜索的关键词。

③ 一般来说，传统知识是与现代知识相对的，传统知识有广义和狭义之分，广义的传统知识包括遗传资源相关传统知识、民间文化表达、非物质文化遗产等，狭义的传统知识仅指遗传资源相关传统知识。遗传资源相关传统知识与民间文化表达和非物质文化遗产都有交叉，但是，在我国针对后两者的研究一般不采用“传统知识”的表述。可以说，在 1992 年《公约》通过之后，我国学术界针对“传统知识”的研究，绝大多数集中在遗传资源相关传统知识领域，所以，本报告采用“传统知识”作为关键词进行相关搜索。同时注意到，部分论文中论及的“传统知识”是以“传统知识分子”或“知识分子”为研究对象的，因此，本报告相关统计去除了关键词为“知识分子”的文献。

Springer 数据库搜索显示，与中国遗传资源相关的外文论文学科分布前 5 名的学科分别为植物科学 1 194 篇、植物遗传与基因组学 889 篇、植物生理学 762 篇、农学 598 篇、普通生命科学 441 篇；与中国传统知识相关的外文论文学科分布前 5 名的分别为普通生命科学 62 篇、植物科学 56 篇、补充和替代医学 47 篇、植物系统学/分类学/生物地理学 38 篇、环境管理 35 篇。

二、中国遗传资源及其相关传统知识论文的分布情况

根据前述对遗传资源和传统知识相关文献的计量学分析，与遗传资源和传统知识相关的研究成果并不是很多，尤其是社会科学领域的相关文献较少。其中，针对传统知识的研究成果比较匮乏，共计 510 篇，且在 2000 年之后才有专门以“传统知识”为关键词的科研论文发表。对现有研究成果所属的学科进行分类并统计得出，关于遗传资源的研究成果主要分布在动物医学和农学领域，其次是法学和经济管理等学科。而关于传统知识的研究成果主要分布在社会科学领域的法学和经济管理等学科，其次是生物学和中医药等学科。

关于发文期刊，刊发遗传资源和传统知识相关文献较多的期刊主要是自然科学类期刊和部分综合类期刊，如《中国畜禽种业》《中国家禽》《中国种业》《生物多样性》《中国发明与专利》等。另外，部分社会科学类期刊也刊发了较多遗传资源和传统知识研究论文，如《法制与社会》《贵州师范大学学报（社会科学版）》《知识产权》《河北法学》等。

关于研究机构，中国农业科学院、中央民族大学、扬州大学、生态环境部南京环境科学研究所等单位发表了较多关于遗传资源的自然科学类论文；中央民族大学、武汉大学、中国青年政治学院等单位发表了较多关于遗传资源和传统知识的社会科学类论文。

关于发文作者，薛达元（中央民族大学）、常洪（扬州大学）、钟金城（西南民族大学）、成功（中央民族大学）等发表了较多关于遗传资源的自然科学类论文；薛达元、张小勇（中国青年政治学院）、秦天宝（武汉大学）等发表了较多关于遗传资源和传统知识的社会科学类论文。

三、中国遗传资源及其相关传统知识的主要研究方向

现有文献对遗传资源和传统知识做了不同方向和不同层次的研究，大体可以分为自然科学和社会科学，这两大类学科对遗传资源和传统知识研究的关注焦点

不同。自然科学类论文比较关注遗传资源和传统知识本底数据的调查[1]、分类[2]、遗传资源多样性的检测[3]、相关优质基因资源的筛选和鉴定[4]、受威胁程度的评价[5]，以及遗传资源和传统知识的保护和可持续利用[6]等。社会科学类论文则更多地研究遗传资源和传统知识的保护[7]、权属[8]、获取与惠益分享[9]、进出境管理[10]，以及与遗传资源和传统知识相关的知识产权等问题[11]。本节选取了当前发表论文较多的 4 个研究方向予以分述。

1．遗传资源和传统知识的保护

对中国知网搜索显示，以“遗传资源”为关键词的期刊论文共计 2 474 篇，其中，以“保护”为主题的论文有 845 篇，占论文总数的 34.16%。以“传统知识”为关键词的 405 篇期刊论文中，以“保护”为主题的论文有 323 篇，占论文总数的 79.75%。由此可以得知，有相当数量的论文对遗传资源和传统知识的保护问题展开了研究。通过引用率排名可以得知，当前对遗传资源和传统知识保护的研究比较多的是水稻等农业遗传资源的保护、家养动物和野生动物遗传资源的保护、民族地区传统知识和中医药传统知识的保护、遗传资源国家保护战略、法律制度和立法的研究等。由此可见，关于遗传资源和传统知识保护问题的研究，同属于自然科学和社会科学的问题，学科划分并不明显。无论是在自然科学领域还是社会科学领域，关于遗传资源和传统知识保护措施、政策建议的研究成果都比较多，研究结论相对比较成熟。

2．遗传资源和传统知识的调查分类

以“遗传资源”为关键词的 2 474 篇期刊论文中，以“调查”或“分类”为主题的论文共计 248 篇，占论文总数的 10.02%。以“传统知识”为关键词的 405 篇期刊论文中，以“调查”或“分类”为主题的论文有 71 篇，占论文总数的 17.53%。由此可以得知，有超过 1/10 的论文对遗传资源和传统知识的调查分类展开了研究。通过引用率排名可以得知，当前关于遗传资源和传统知识调查和分类的研究比较多的是小麦、水稻等农业、牧草遗传资源的调查和分类、家养动物遗传资源的调查、民间和民族地区传统知识的调查和分类研究等。由此可见，关于遗传资源和传统知识的分类有多种方式。对遗传资源按照科、属、种（包括亚种、变种[12]等）的方式进行类型化分析，或根据遗传资源的关键基因[13]进行分类。关于传统知识的概念和分类方式，目前在学术界还没有形成一致意见。薛达元、郭泺[14]将传统知识分为传统利用农业生物及遗传资源的知识、传统利用药用生物资源的知识、生物资源利用的传统技术创新与传统生产生活方式、与生物资源保护与利用相关

的传统文化与习俗、传统地理标志产品5类。周方[15]将传统知识分为艺术类、科技类和习惯类。实际上，后者关于传统知识的概念范围较前者宽泛，严格来说，本文所探讨的传统知识即与遗传资源相关的传统知识，其范围与薛达元、郭泺对传统知识的定义更为接近。

3. 遗传资源和传统知识的获取与惠益分享

以“遗传资源”为关键词的2 474篇期刊论文中，以“获取”或“惠益分享”为主题的论文共计204篇，占论文总数的8.25%。以“传统知识”为关键词的405篇期刊论文中，以“获取”或“惠益分享”为主题的论文有60篇，占论文总数的14.81%。由此可以得知，有相当数量的论文对遗传资源和传统知识的获取与惠益分享问题展开了研究。通过引用率排名可以得知，当前关于遗传资源和传统知识获取与惠益分享的研究比较多的有《公约》和《名古屋议定书》内容、中国遗传资源获取与惠益分享立法、遗传资源获取与惠益分享的国际制度安排与发展、国外遗传资源和传统知识获取与惠益分享立法、遗传资源获取和利用、出境的事先知情同意制度等。中国学者对“获取与惠益分享”问题的关注始于1992年《公约》所规定的“公平公正分享因遗传资源利用所产生的惠益”，在2010年《名古屋议定书》[16]通过后，国内对遗传资源和传统知识获取与惠益分享问题的研究文献出现了小高峰。由此可见，获取与惠益分享问题“由外至内”的研究路径。

4. 遗传资源和传统知识相关知识产权研究

以“遗传资源”为关键词的2 474篇期刊论文中，以“知识产权”为主题的论文共计175篇，占论文总数的7.07%。以“传统知识”为关键词的405篇期刊论文中，以“知识产权”为主题的论文有203篇，占论文总数的50.12%。通过引用率排名可以得知，当前关于遗传资源和传统知识相关知识产权的研究比较多的有遗传资源和传统知识与知识产权性、遗传资源获取和惠益分享与知识产权保护、遗传资源和传统知识与知识产权的立法等。与遗传资源和传统知识相关的知识产权问题涉及面较广，与当前已有的专利权、植物品种权、著作权、地理标志、商业秘密、商标等都有着紧密的联系[17]。由于知识产权领域的学术研究方兴未艾，而对遗传资源和传统知识的知识产权问题的研究也有较大的进深空间。

第二节 国内外企业在华生物勘探情况[①]

中国的遗传资源非常丰富，作为私营部门获取遗传资源和相关传统知识的主要对象，国内外很多企业在多个行业开展了与遗传资源相关的生物勘探工作。本节内容来自《国内外企业在华生物勘探研究报告》，该报告对遗传资源相关性最高的生物医药、食品、化妆品、保健品 4 个行业的现状进行了梳理，同时，针对每个行业选择 1～2 个案例的利用情况进行了剖析，进而提出对遗传资源管理立法的出台、遗传资源产权认证、PIC（事先知情同意）登记和 MAT（共同商定条件）制度构建，建立遗传资源管理监督体系，加快遗传资源研究与管理人才队伍建设等的建议。

一、生物医药行业

1．生物医药行业整体现状

20 世纪 70 年代，以美国为代表的发达国家先后完成了人白细胞介素Ⅱ、超氧化物歧化酶等基因工程药物的研发，标志着生物医药产业开始兴起。全球医药行业保持持续增长，2016 年，全球医药市场规模（不含医疗器械）达 11 100 亿美元，相比 2007 年增加约 50%。生物医药产业是一种知识密集、高技术含量、多学科综合、产业间互相渗透的新兴产业，具有高技术、高投入、高收益、高风险、高成长和长周期的特点。它由生物技术产业与医药产业共同组成，其中，医药产业包括制药业和生物医学工程。制药业由生物制药、化学药和中药等产业组成，而生物医学工程产业由生物医学材料制品和医疗器械制造业等组成。随着现代生物技术的迅猛发展和日臻完善，现代生物技术制药逐渐成为医药行业中最为活跃的一个领域。

随着化学新药开发和设计难度的增大，全球医药市场逐渐从小分子化学药转向生物药。2015 年，全球年销售额高于 1 亿美元的品牌药（包括品牌系列或品种系列）共有 570 个，其中销售额排行前 10 的药品中生物药有 8 个，化学药仅有 2 个。生产企业主要集中在美国，其次为欧盟和日本。美国生物医药产业在全

---

① 该节内容源于生态环境部南京环境科学研究所完成的《国内外企业在华生物勘探研究报告》。

球处于领先地位，化学制药、生物制药、医疗仪器设备及器械、制药专用设备 4 个领域的专利公开量排名第一，在研发、生产、药品种类、数量、市场总额和临床应用等方面遥遥领先其他国家。欧盟的市场份额排在全球第 2 位，生物医药销售额约占全球总额的 20%左右。英国、法国、德国等国家在生物技术研究和生物医药方面成绩斐然，甚至在某些技术领域超过了美国。日本在生物医药领域成绩突出，很多公司处于世界领先地位。近年来，以新兴经济体为代表的发展中国家的医药市场占比大幅提高，市场份额也在迅速增长。

2007 年，中国发布《生物产业发展“十一五”规划》，对生物医药产业进行了界定，狭义的“生物医药产业”仅指生物技术产业，广义的“生物医药产业”包括医药制造业（化学药、生物技术药物、中药）和医疗器械制造业。2016 年，国家发展和改革委员会印发《“十三五”生物产业发展规划》，重新构建由基因技术、细胞工程、化学制药、生物医学工程、医疗器械、中药提取物、中药配方颗粒等领域组成的生物医药新体系。中国现已在北京、上海、长沙等地建成 14 个生物产业基地，总体形成以现代中药、化学药和基因工程药物为主体，医疗器械为特色，检验检测和健康服务为市场价值链终端的产业体系。2016 年，中国医药工业规模以上企业实现主营业务收入为 29 635.86 亿元人民币，同比增长 9.9%。化学药品的主营业务收入最高，约占 42.4%。中药主营业务收入次之，约占 20.5%。各子行业主营业务同比增速最快的是医疗仪器设备及器械制造，而化学原料药、中成药、制药设备的同比增速低于行业平均水平。2016 年，规模以上医药工业主营收入利润率为 10.9%，较上年有所提升，高于全国工业整体水平约 4.9%。其中，化学原料药是利润增长最快的子行业。国家食品药品监督管理总局药品审评中心数据显示，2015 年共批准药品上市申请 351 件，其中化学药品占 76.4%、中药占 17.4%、生物制品占 6.3%。同期受理新注册申请 8 120 件（以受理号计，不含复审），其中，化学药品占 88.7%、中药占 4.5%、生物制品占 6.8%。化学药品在中国生物医药产业中占主导地位，而中药和生物制品增速较快，尤其是生物制品的研发和审批上市增速显著。

2. 日本津村株式会社案例

日本津村株式会社（TSUMURA & CO.）起源于 1893 年，现已发展成为汉方制剂生产和销售的大型跨国制药企业。津村的核心业务是汉方处方药品及其饮片、营养品、滋补品、汉方片剂等汉方制品的生产和销售。汉方药品的原料主要是植物来源的天然药物，以及从中提取的活性成分。因此，津村的原料主要可以分为中药材、中药饮片和中药材提取物 3 类。津村从中国获取的生物种类涉及人参、半夏、猪苓、柴胡、芍药、甘草、白术、黄芪、当归等上百个中药材品种，其中人参、半夏、猪苓、柴胡、甘草、芍药、黄芪的进口量较大。目前，津村生产的129个汉方处方药品，其处方大多源自张仲景所著《伤寒杂病论》。

截至2017年年底，津村共申请2 411项专利，包括240项国际专利，国际商标149件（含重复和逾期）。津村在欧洲专利局申请注册专利161件，PCT专利136件，在美国、中国、澳大利亚、韩国等国家也有申请。津村的商标申请国有美国、新加坡、加拿大、文莱、澳大利亚等，申请马德里商标3件，延伸至韩国、中国、德国、法国、英国和新加坡等国家。2017年津村财报显示，其80%的原料采购于中国，15%来自日本本土，5%来自老挝和其他国家。津村通过两种方式采购原料，一是与中药材产地的种植户或企业签订合作协议，产地种植户（企业）将种植的中药材直接销售给津村；二是公司直接管理中药材种植。津村未来将提高对直接管理的原材料种植面积，从2017财年的36%提高至2020财年的50%。津村的销售区域主要集中在日本市场，2017财年销售规模为1 149.54亿日元，其中汉方处方药占总销售额的95.3%，企业净利润为124.88亿日元，净利润率约为10.9%。

日本津村通过其在中国的子公司和长期战略合作伙伴收集生物原料（主要是中药材及其中间提取物），同时与中国企业合作设立合资公司来获取和利用中国传统中医药学知识。天津盛实百草中药科技股份有限公司是津村在中国主要的战略合作伙伴，为津村的主要原料供应商。津村与上海医药股份有限公司合资成立了子公司——上海津村制药有限公司，主要开展中药配方颗粒的研发、生产和销售。目前，津村与中国的惠益共享主要体现在设立合资企业，提供技术支持，共同建设和管理种植基地，共同开展中药材病害防治研究，培训国内合作企业、种植户和技术人员，间接为当地提供就业机会并促进当地经济增长等。

2011年，日本津村株式会社与中国中医科学院中药研究所合作开展苍术种植基地选择与病虫害综合防治研究。传统认为江苏茅山地区所产苍术质量最好，为道地药材。但由于日本苍术资源匮乏，中国茅苍术野生资源枯竭，不能满足生产所需，津村苍术原料均为从中国进口的栽培茅苍术。茅苍术在栽培过程中存在品种退化和病虫害严重的问题，为了提高茅苍术的质量，津村与中药研究所合作，开展覆盖全中国的苍术品种调查，筛选优质种源，并且在安徽的岳西、霍山、广德3个地区建立茅苍术栽培基地并开展苍术的病虫害防治综合研究。津村与中药研究所合作开展苍术病虫害综合研究所形成的研究成果由双方共享，且双方共建的苍术基地也在中国，在此项研究上双方各自取得了互相认可的惠益。

二、食品行业

1．食品行业整体现状

食品是人类赖以生存的物质基础。伴随食品行业的快速发展，与食品行业相关的农业、工业、流通服务业紧密结合在一起，逐步成为食品大产业，也成为世界各国永不没落的朝阳产业。无论是美国、欧盟、日本等发达经济体，还是中国、巴西、印度等发展中国家，食品行业在国民经济中占据极其重要的地位。以法国为例，其食品行业总产值超过汽车工业，位居国民经济之首。食品消费总量持续增长，消费结构向高端化发展，产品研发方便化、功能化、绿色化、多样化特征明显，国际食品巨头资本并购盛行。2012 年，全球食品消费市场规模达到 6.53 万亿美元，并保持 3.5%的年均增长率。

多年以来，欧美发达国家（地区）的食品产业对品牌、资金和资源占强有力的竞争优势，集聚了大量“航母”级跨国食品企业，一直居于全球主导地位。进入 21 世纪后，随着发展中国家尤其是中国、印度、巴西等国家新兴市场的快速崛起，全球食品生产与制造技术不断扩散，产业格局发生了显著变化，呈现出典型的多极化发展态势。发展中国家通过技术引进与创新，获得了食品产业的后发优势，在国内庞大的需求和政策支撑下飞速发展，日益成为全球食品产业的重要增长点。总体上，发展中国家食品行业增速明显高于美国、荷兰、瑞士、德国等传统食品产业大国。

近年来，许多国家充分利用本地资源和区域优势发展食品行业，凭借快速发展的生物技术，形成了独具特色的食品产业。生物反应器产品和转基因食品正在且将不断地为人类提供越来越多的“设计食品”，如保健食用油、脱敏的花生和大豆、抗癌食品、长货架期天然食品、食品疫苗、食品抗生素，以及各种专用食品加工原料等。以特色立足，以特色领先，以特色占领国际市场，是食品行业发展的大趋势。随着生物技术的不断发展，各国对遗传资源的争夺方式日新月异，遗传资源的“生物剽窃”已变成一场没有硝烟的战争。

2．百事公司案例

百事公司（Pepsi Co）成立于 1893 年，是美国软性饮料公司之一，是全球第四大食品和饮料公司。2014 年净收入逾 666 亿美元，在当年财富 500 强排行榜中排名第 137 位，旗下生产经营饮料、快餐食品、体育用品等多个品牌系列，其中，

22 个品牌的年零售额都在 10 亿美元以上。2006 年，百事公司在中国成立第一家研发中心——百事中国研发中心，目前在华总投资已超过 100 亿元人民币，雄踞中国食品和饮料市场领导地位。

2010 年，百事公司与国内某研究机构签订了一份《合作主协议》。由百事公司出资，研究机构负责在华收集、鉴定植物标本，发现新的、有效的、天然来源的甜味剂植物，或称甜味增强剂植物。《合作主协议》要求研究机构提供单个重量不少于 2 g 的植物浓缩粗提物 100 个，每个粗提物都必须提供其基源植物的形态学信息（科、属、种），并将粗提物邮寄至美国百事可乐公司总部进行测定。同时，百事公司还要求该研究机构尽可能提供当地社区和群众利用基源植物的有关信息。2016 年，百事公司与该研究机构进一步签订了《项目工作说明书》，明确由百事公司向该研究机构提供 5 万美元项目经费，该研究机构须在 1 年内向百事公司提供 100 个单个重量不低于 2 g 的植物粗提物，并提供每种基源植物的形态学信息和相关传统知识。

项目实施至今，该研究机构已向百事公司寄出 105 科 322 种植物的粗提物。其中，涉及国家Ⅱ级重点保护野生植物 3 种，分别为翅果油树（*Elaeagnus mollis*）、水青树（*Tetracentron sinense*）和黄檗（*Phellodendron amurense*）；受威胁物种 11 种，包括极危 2 种、濒危 4 种和易危 5 种。目前，尚未检索到百事公司对这些基源植物活性成分的专利申请情况。

实质上，百事公司与该研究机构的合作是跨国公司在华开展生物遗传资源及其相关传统知识生物勘探的典型案例。百事公司通过与国内研究机构合作的方式，增强了获取中国生物遗传资源的隐蔽性。随着生物技术发展和产业需求变化，生物勘探的对象已经从源植物转变为源植物的功能基因、提取物、传统知识或者相关数据和信息。从项目经费和工作内容来看，5 万美元反映的是研究机构的项目支出，中国遗传资源的价值没有得到充分合理的体现。双方签署的《合作主协议》和《项目工作说明书》都没有体现中国的遗传资源主权权利，没有达成对相关粗提物的后续研究、利用和第三方转让的约束性条件。无论是研究机构，还是相关主管部门都难以对粗提物的后续开发利用情况进行监测和监督。研究机构按要求寄出粗提物及其信息，就失去了对粗提物及其信息的掌控，遑论事先知情同意和共同商定条件下的惠益分享？此外，寄递植物提取物的方式更加加强了遗传资源流失的隐蔽性，国内破坏、国外受益，特别是对国家重点保护野生植物和受威胁物种的流失更加不可控。

三、化妆品行业

1. 化妆品行业整体现状

近现代化妆品产业起源于 18 世纪法国巴黎的家庭式香水生产作坊，发展至今，已经成为一个工厂化生产、品牌化运营的全球化产业，化妆品也成为日常生活的必需品。全球化妆品行业发展迅速，产品和销售渠道多元化，市场规模不断扩大，对遗传资源的利用显著增加。随着人们对天然、绿色、健康与安全的意识与日俱增，化妆品行业从最初仅注重物理保护性能的普通油脂类（如蛤蜊油、绵羊油等）发展到近年来对皂角、木瓜、芦荟、海藻和各种中药材等天然植物提取物的追求，化妆品行业利用生物遗传资源的范围越来越广泛。

中国历史文化悠久，人们较早地懂得并使用化妆品，后唐时期《中华古今注》就有“起自纣，以红蓝花汁凝成月燕脂”的记载。中国化妆品工业肇始于清道光年间（1830 年），发展至今已有近 200 年历史。近 30 年来，中国化妆品市场发展迅猛，已成为全球最大的新兴市场之一。目前，上海家化是中国最大的国有化妆品生产企业，其技术水平、生产能力、企业管理、科学研究在国内均属一流，旗下美加净、清妃、六神等品牌的产品销往世界 30 多个国家和地区。受国外化妆品企业如宝洁、雅芳、欧莱雅等影响，国内一批知名本土企业如百雀羚（SPDC）、植物医生（DR PLANT）、佰草集（Herborist）等日趋重视自然、环保、安全产品的研发，以本草开发利用为核心，形成了一批绿色、环保、安全的产品，如以“现代中草药古方个人护理专家”为概念的佰草集品牌，以诠释“本草养肤”为理念的相宜本草品牌，以利用“高山植物”为主打的植物医生品牌等。然而，本土品牌的原料、生产工艺和设备都相对落后，科研水平较低，产品科技含量较低，缺乏核心竞争力。少数本土品牌虽然历经多年发展，也形成了一定品牌知名度和市场占有率，但最终被国际品牌收购。中国境内的外资与合资化妆品企业数量约占 10%，但其产品占据中国化妆品市场的主导地位，品牌市场份额超过 80%。相比之下，本土化妆品企业数量接近 90%，但市场份额不足 20%。特别是在化妆品高端市场，外资品牌占据 90%的市场份额，而本土品牌处于极其弱势。

2. 巴黎欧莱雅有限公司案例

法国化妆品是全球化妆品行业的“领头羊”，产销量名列世界前茅，备受消费者青睐，创造了丰厚利润。以欧莱雅为例，其主要生产经营染发护发、彩妆、护肤品、药物以及其他高档产品。1996 年，欧莱雅公司和苏州医学院合作并成立苏州欧莱雅有限公司，建立第一家化妆品生产厂家，专门生产旗下美宝莲（Maybelline）系列产品。两年后，第二家生产厂家在苏州建立，专门生产巴黎欧莱雅（L'Oreal Paris）系列产品。1997 年，欧莱雅公司在上海创办了中国总代表处，负责在中国经销欧莱雅公司各类产品。2003 年，欧莱雅（中国）全资收购本土日化品牌“小护士”，2004 年，欧莱雅集团收购科蒂集团旗下品牌“羽西”，完善了其在中国竭力打造的品牌金字塔。巴黎欧莱雅在中国开展了系列社区植物资源保护活动，例如，设立卡尼尔（Garnier）社区植物保护基金，资助社区植物保护项目，开展社区生物多样性考察和重点物种保护，特别是西南山区丰富而珍贵的植物资源。

3．植物医生案例

植物医生作为国内高山植物护肤品类的开创者，其品牌定位是利用高山植物护肤。该企业通过与科研机构、当地非政府组织合作，开展高山护肤植物资源及相关传统知识调查和保护项目，收集重要物种资源。自 2014 年以来，植物医生与中国科学院昆明植物研究所启动战略合作，成立植物医生研发中心，建立珍稀濒危植物资源收集圃，设立首个植物学奖——吴征镒植物学奖，联合云南地方非政府组织启动高山植物保护行动，承诺将企业“晒精灵”系列护肤品销售利润的 50% 捐赠给“高山植物保护行动”项目。总体来看，国内化妆品行业对生物遗传资源获取与惠益分享的认识不够，很多企业缺乏对生物遗传资源保护的意识。由于尚无法律法规可循，企业生物遗传资源获取与惠益分享活动以双方自愿协商为主，缺乏获取与惠益分享法律法规的指导。

4．德国企业巴斯夫案例

德国企业巴斯夫（BASF SE）是全球领先的化工公司之一，在欧洲、亚洲、南美洲的 41 个国家拥有超过 160 家全资子公司或者合资公司。旗下巴斯夫美容护理法国公司（BASF BEAUTY CARE SOLUTIONS FRANCE SAS）在化妆品行业也有涉猎，特别是在个人护理与卫生方面拥有高品质产品，如表面活性剂、乳化剂、聚合物、润肤剂、化妆品活性成分、色素、紫外过滤器、增稠剂、蛋白质、纸质增强剂等。对该公司近 15 年来申请的有关植物提取物的专利进行了检索，共检索到 14 项相关专利，涉及约 50 种植物。其中，6 项专利（占 43%）涉及的物种主要来自中国等东亚国家，尤其是中国特有种如淫羊藿（*Epimedium brevicornu*）等。目前，该公司并没有在生物勘探对象国开展惠益分享活动，也没有在生物资源来源国申请专利。

四、保健品行业

1．保健品行业整体现状

保健品是保健食品的通俗说法，是指具有特定保健功能的食品，即适宜于特定人群食用，具有调节机体功能、不以治疗疾病为目的的食品。在美国，膳食补充剂（dietary supplements）的概念类似于中国的保健品。保健品或膳食补充剂的原料很大一部分来源于生物，特别是植物。

2015 年，全球保健品市场规模约为 1 569 亿美元，其中维生素占 56%，植物或传统保健品占 22.8%，体重管理产品占 8.6%。美国是全球最大的保健品市场，2015 年总体份额为 447 亿美元，其中，维生素占比高达 60.7%，草本膳食类占 20%。中国保健品市场正处于快速成长期，2012—2014 年复合年均增长率达到 15%。2014 年，全行业销售规模为 1 610 亿元人民币（以美元兑人民币 1∶6.8 计价，下同，约合 240 亿美元），其中，维生素占 21.1%，矿物质占 22.3%，非草本膳食补充剂占 28.5%，草本膳食补充剂占 28.1%。草本膳食类在全球保健品市场占据着重要地位，仅次于维生素，直接来源于植物遗传资源及其衍生物。据统计，2013 年美国市场草本膳食补充剂年销售总额近 10 亿美元，而其中 40 种最畅销的本草膳食补充剂的总销售额近 6.7 亿美元。

全球有影响的保健品行业企业主要有嘉康利公司（Shaklee Corporation）、安利（Amway Corporation）、健安喜（GNC Live Well）、纽途丽（新树）株式会社（NEWTREE CO. LTD）、无限极（中国）、汤臣倍健等。安利创始于 1959 年，业务遍及 80 多个国家和地区，公司产品涵盖纽崔莱营养保健食品、雅姿美容化妆品、个人护理用品等 5 大系列 450 多种。健安喜创始于 1935 年，公司产品销往全球 50 多个国家和地区，涉及 1 500 多种健康产品，如矿物质基础营养品、运动健康营养品、草本植物提取营养品等各类膳食营养品。纽途丽（新树）株式会社是一家创始于 2001 年的以天然原料为主要开发对象的韩国保健品公司。无限极（中国）有限公司是李锦记健康产品集团旗下成员，成立于 1992 年，是一家从事中草药健康产品研发、生产、销售及服务的大型港资企业。目前已成功研发生产出 5 大系列 6 大品牌共 143 款产品，在复合多糖技术领域处于世界领先地位。汤臣倍健创立于 1995 年，现已成长为中国膳食补充剂领导品牌和标杆企业。公司原料产地遍及世界各地 23 个国家，在巴西、澳大利亚等地建立了 5 个原料专供基地，建立了全面、科学的膳食补充体系。例如，蛋白质、维生素、矿物质、天然动植物提取物及其他功能性膳食补充食品。通过对上述公司近 15 年的专利检索发现，除安利和健安喜外，均申请了植物提取物相关专利。其中，嘉康利申请了 63 项（含重复），纽途丽分别取得 17 项韩国专利和 6 项海外专利（含重复），无限极（中国）申请了 97 项（含重复），汤臣倍健申请了 46 项（含重复）。

2. 嘉康利公司案例

嘉康利创始于 1956 年，是全球最大、全美国排名第一的天然营养品生产商，在中国、日本、加拿大、马来西亚、墨西哥等国家设有分公司。嘉康利现有植物提取物相关专利 5 项，至少涉及 15 种植物。其中有 3 项专利所涉及的物种主要来源于中国等东亚国家，具有深入研究的价值。同样地，纽途丽现有植物提取物相关专利 8 项，涉及 10 种植物，其中 4 项专利涉及的植物物种主要来自中国和东南亚，也具有进一步跟踪研究的价值。

通过对生物医药、食品、化妆品和保健品行业与遗传资源及其相关传统知识关系最密切的行业现状和典型案例进行梳理和总结，建议应基于《名古屋议定书》中提出的国家立法要求，对中国国情进行对接研究，协调各部门争议，维护国家利益，加快推进国家在此方面的立法；进一步加强对获取与惠益分享 MAT 制度的惠益分享内容、争议解决方式、知识产权问题、合作方式、合同有效期等方面的内容研究和宣传；建立由政府管理部门牵头、科研教学机构和企业共同参与的遗传资源对外交流协作和管理监督体系；制定相应的鼓励政策，在政策和经费方面加强对遗传资源开发研究机构的支持力度，加强人力、财力和物力的投入，以确保加快遗传资源研究与管理人才队伍建设。通过对这些措施的实施来保护发展中国家的利益，促进遗传资源及其相关传统知识的获取与惠益分享。

第三节　中国遗传资源立法实施前景[①]

自 2016 年中国加入《名古屋议定书》以来，国际遗传资源获取和惠益分享出现了新的局面、情势和动态，国内遗传资源获取与惠益分享管理也面临新的变化，中国遗传资源获取与惠益分享管理的立法必然会面临国际和国内的制约和影响。本节内容来自《中国遗传资源立法实施前景及对策研究报告》（报告于 2018 年 8 月完成），该报告分析了中国遗传资源获取和惠益分享中央和地方立法实施前景，总结了在新一轮机构改革背景下中国遗传资源行政监管体制构建问题、机遇与路径，并结合“一带一路”背景对遗传资源获取和惠益分享工作进行了展望。

一、中国遗传资源获取和惠益分享中央立法实施前景与对策

近年来，中国在遗传资源及相关传统知识立法方面取得了长足进步，若干项法律均提到遗传资源及相关传统知识获取和惠益分享问题，如《中华人民共和国畜牧法》（以下简称《畜牧法》）、《中华人民共和国种子法》（以下简称《种子法》）、《中华人民共和国中医药法》（以下简称《中医药法》）等，由于这些法律规定较为宽泛且修订速度较慢，已无法满足中国遗传资源及相关传统知识法制当前现实需要，中国亟需一部基础性、综合性、专门性遗传资源及相关传统知识获取管制立法规范。这部法律应结合中国遗传资源及相关传统知识的本底情况和在中国环境法律体系中的定位等多重因素进行制定。

中国既是一个生物资源（包括遗传资源）大国，又是一个生物技术弱国；既是遗传资源的提供国，又是遗传资源的获取国。因此，法律起草过程应对此予以兼顾。遗传资源及相关传统知识获取与惠益分享的法律法规作为中国生物多样性领域的重要内容，将会对中国遗传资源和相关传统知识获取与惠益分享的基础性、根本性问题产生影响。

现阶段选取“条例”作为相关法律的位阶较为符合现实需要。首先，是因为遗传资源和相关传统知识获取与惠益分享属于行政监督管理具体问题，符合《中华人民共和国立法法》第 65 条所规定的政府行政管理职权事项；其次，现阶段已有部分法律如《畜牧法》《种子法》《中医药法》就遗传资源和相关传统

① 该节内容源于武汉大学完成的《中国遗传资源立法实施前景及对策研究报告》。

知识获取与惠益分享问题进行了初步规定，选用“条例”这种法律形式也有助于保持上下位法律协调一致。

此外，即使依据中国《宪法》和《物权法》有关自然资源所有权的规定可推导出遗传资源属于国家所有，但依据《立法法》（2000 年 3 月 15 日第九届全国人民代表大会第三次会议通过根据 2015 年 3 月 15 日第十二届全国人民代表大会第三次会议《关于修改〈中华人民共和国立法法〉的决定》修正）第 8 条规定，民事基本制度属于法律保留事项，当前正在征求意见的《生物遗传资源获取与惠益分享管理条例（草案）》仍然不能就遗传资源及相关传统知识的权属问题作出规定。即便如此，《生物遗传资源获取与惠益分享管理条例（草案）》是否可以设置某些制度，以最大限度地维护遗传资源及相关传统知识各利益主体的共同利益需求（如保护和维持遗传资源及相关传统知识的现实状态），这仍是值得关注和考量的问题。

二、国内遗传资源获取与惠益分享法制实践发展动态及评析

在中国，一些省（区、市）的遗传资源相关领域已经开展的立法工作涉及了遗传资源的获取和惠益分享问题。2017 年生效的《中医药法》有关中医药传统知识获取和惠益分享规定对各地开展中医药法制实践产生了实质推动和直接影响。如河北省已率先在全国完成中医药地方性法规的起草工作，《河北省中医药条例》已于 2018 年正式实施，吉林省已就《吉林省中医药条例》征求意见，安徽省、重庆市已逐步开始立法前期调研工作。其中，《吉林省中医药条例》（征求意见稿）第 37 条要求县级以上人民政府通过建立中医药传统知识名录，采取知识产权、非物质文化遗产等方式对其进行保护。

贵州省黔南布依族苗族自治州颁布的《黔南布依族苗族自治州民族医药保护发展条例》是继《中医药法》后首部关于民族医药的民族自治地方法规，于 2018 年 6 月生效。该条例若干条款都涉及遗传资源获取和惠益分享，如第 3 条有关“民族医药”概念的界定，将民族医药知识、医疗技能、技法、单方、验方、秘方、制作技术、药材栽培和养植技术等悉数纳入，明确该地域内的民族医药的本质即为民族医药知识，在地方性法规中尚属首次；第 16 条、第 17 条虽然没有像《中医药法》那样明确提到获取和惠益分享，但是亦要求通过专利、地理标志及非物质文化遗产等方式来保护民族医药知识，鼓励依法转让或作为智力要素作价参与开发和分配。

2018 年，云南省颁布的《云南省生物多样性保护条例》是全国首部关于生物多样性保护地方性法规。该法规第 19 条、第 30 条、第 31 条、第 41 条均与获取

和惠益分享制度有关。第 19 条是关于保护遗传资源相关传统知识的规定；第 30 条明确提到社区开展遗传资源和相关传统知识利用实践活动应遵循惠益共享原则；第 31 条提到惠益分享形式之一为从开发收益中提取部分经费，且应当尊重民族地区习惯、照顾民族地区利益和促进民族地区经济社会的发展；第 41 条规定涉及国家秘密的生物多样性实物和数据信息的获取、利用和转移应遵守保密法律、法规规定。

此外，中国在微生物遗传资源行业早已开展关于获取和惠益分享行业实践，其中，以中国普通微生物菌种保藏管理中心（CGMCC）、中国典型培养物保藏中心（CCTCC）、广东微生物菌种保藏中心（GDMCC）最为典型。这 3 家机构均是从事微生物保藏和共享的专门研究机构，且均为《布达佩斯条约》[①]认可的国际保藏单位。这 3 家机构均有关于微生物遗传资源获取和利用相关的协议文本，虽然仍存在一些问题，但在国内尚未制定遗传资源获取和惠益分享专门性法律的情况下已具有一定超前意识。CGMCC 和 GDMCC 的有关协议题分别为《生物材料提供和利用协议书》、CCTCC 有关协议题为《共享生物材料转移协议》。3 份协议虽未明确提到获取和惠益分享，但诸多内容均与获取和惠益分享密切相关。例如，CGMCC 和 GDMCC 在《生物材料提供和利用协议书》中提到获取者应就生物材料获得所有相关知识产权许可，并就商业化开发产生的惠益作出安排；此外，就 CGMCC 提供材料发表论文或申请专利时应说明生物材料来源及 CGMCC 和 GDMCC 保藏编号等信息；CCTCC 有关协议明确提供方在签署协议后仍保有所有权，且明确获取方获取目的仅限于教学或科学研究之用等。

虽然中国各地和各行业在开展遗传资源及相关传统知识获取和惠益分享政策、法制实践等方面已取得积极进展，积累了一定经验，但是仍然有赖于上位法律法规、政策的持续构建和完善。

三、“一带一路”背景下开展遗传资源获取和惠益分享工作的路径与展望

“一带一路”倡议是中国国家决策层在后金融危机时代、全球格局剧烈变革新形势下有关中国外交、国际关系的新思想、新观点和新论断，将对中国政治、经济、文化、社会、生态等各领域的发展带来直接影响和深刻变化。遗传资源获取和惠益分享机制由事先知情同意、共同商定条件、来源披露、信息交换所、检查

① 《布达佩斯条约》是《国际承认用于专利程序的微生物保存布达佩斯条约》的简称，该条约为专利程序目的允许或要求微生物寄存的缔约方必须承认向任何“国际保存单位”提交的微生物寄存。中国于 1995 年加入该条约。

点、国际遵约证书等制度构成。获取和惠益分享机制与“一带一路”倡议在理念、目标、方式、参与主体等方面具有内在关联，所以，需要在“一带一路”背景下开展遗传资源及相关传统知识获取和惠益分享的研究。

1．理念一致

中国政府推动“一带一路”的理念主要是共商、共建和共享。共商、共建作为手段，其欲实现的目的为共享。这三部曲注重各国及其人民的自主性和独立性，通过各国之间平等、友善的沟通、交流和互动，实现共同发展，共享发展成果。遗传资源获取和惠益分享机制创设的理念亦是为了减缓“生物剽窃”现象给发展中国家带来的负面影响，实现南北国家在遗传资源领域获取、开发和利用的共赢、共享。

2．目标相同

中国政府推动“一带一路”的目标为打造政治互信、经济融合、文化包容的利益共同体、命运共同体和责任共同体。全球遗传资源交易、分配、互换、传播、流转可通过获取和惠益分享的程序及规则，重构遗传资源提供国和获取国之间的利益平衡，并争取实现遗传资源基础研究价值、商业开发利用价值最大化；实现遗传资源的公平、公正惠益分享也能够促进和改善生物多样性的保存状态与保持条件，最大限度地维系全球生物多样性现状，避免其加速减损或灭失；在获取和惠益分享机制中，各制度构成为提供者、获取者设定了权利和义务，这为实现各方利益平衡及生物多样性的维持与保存提供保障。

3．方式契合

中国政府积极利用双多边合作机制推动“一带一路”建设，双边合作机制主要是指以与沿线各国签署合作备忘录或合作规划的形式来开展，多边合作机制主要是发挥现有合作机制及国际、区域论坛作用的形式来进行。中国与其他生物多样性大国如印度、巴西等在《公约》《名古屋议定书》缔约方大会上就共同关切的议题发表一致意见，而上述遗传资源获取和惠益分享相关的平台、场合已然为中国在“一带一路”背景下与沿线国家开展创新合作提供了基础。

4．主体参与

“一带一路”横贯欧亚大陆，沿线大小国家林立，加之其并非完全的闭环模式，鼓励非“一带一路”沿线国家参与和加入，预计将成为各国争相关注和加入的新全球治理战略和模式。遗传资源获取和惠益分享主要参与主体为获取者（Users）、提供者（Providers）以及利益相关者（Stakeholders）。因为获取目的和用途不一，获取者也会呈现多样化形态。

在“一带一路”背景下，中国与沿线国家开展遗传资源获取和惠益分享有两种方式可供选择，即“传统双边路径和创新双边路径”。传统双边路径是《公约》和《名古屋议定书》一致提倡的做法，它是指获取者、提供者在事先知情同意的基础上，通过共同商定条件就各方权利义务内容进行商议，并通过协议开展遗传资源获取和惠益分享的方式；创新多边路径是指各参与主体就遗传资源获取惠益分享相关事宜进行广泛协商或确定相应规范、规则、制度，并邀请其他主体参与和加入的做法。

目前，遗传资源获取和惠益分享的多边路径已相继在《名古屋议定书》《粮食和农业植物遗传资源国际条约》等国际法律文件中确立。“一带一路”背景下中国遗传资源获取和惠益分享宜采取传统双边路径和创新多边路径两者兼顾的思路。从短期来看，传统双边路径应是首选。

基于中国属于遗传资源提供国和获取国的双重身份，只有依据传统双边路径才能明确不同身份、不同场景下中国开展遗传资源和获取和惠益分享所处的角色及定位；中国当前面临的遗传资源国内获取管制情势与国际条约、议定书履约问题，主要由传统双边路径来承载与体现，抓住传统双边路径内涵、要素与实质才能改变前述情势并解决问题。从长期来看，无论是科学研究活动还是生物技术产业的发展，多边路径在使用次数、频率上将会多于双边路径。“一带一路”新机遇下，中国不仅有机会勘探、开发和利用他国遗传资源，还需要与他国进行生物技术的推广、互助和共享，中国应尽早通过多边路径与“一带一路”沿线国家就遗传资源获取和惠益分享议题进行协商、合作，并尽早确定相关规范、规则和制度。

具体而言，中国可以通过提出地区或区域性遗传资源获取和惠益分享行动倡议、研拟遗传资源获取和惠益分享合作规划、创设“一带一路”遗传资源多边惠益共享基金、推广遗传资源获取和惠益分享示范协议等方式来实现“一带一路”背景下中国和沿线国家遗传资源和相关传统知识的获取与惠益分享。

第二章 国家框架研究

建立和实施遗传资源及其相关传统知识获取与惠益分享的国家框架需要对应建立一系列的配套制度，厘清各类制度和工作程序中可能遇到的各种问题。为此，ABS 国家项目选择遗传资源领域亟须解决的问题，委托科研机构开展了十余项专题研究，分别就遗传资源及其相关传统知识获取与惠益分享法规制度的适用性、分享程序、分享协议、信息共享制度、财税机制以及遗传资源及其相关传统知识的管理制度和集体管理制度进行了深入研究。这些配套制度研究成果将为建立和实施遗传资源及其相关传统知识获取与惠益分享国家框架提供技术支撑。

第一节　中国遗传资源获取与惠益分享法规制度适用性范围研究①

虽然《名古屋议定书》对获取和惠益分享的适用范围进行了限定，并规定了惠益分享的相关机制，但由于各缔约国的法律体系、社会环境等不同，各国对“适用范围”的进一步区分和解释存在差异。中国《遗传资源获取与惠益分享管理条例（草案）》已进行了公开意见征询，ABS 相关法规制度的适用性及其条件成为各方关注的焦点。本节内容来自《中国遗传资源获取与惠益分享法规制度适用性范围研究报告》（报告于 2021 年 2 月完成），该报告讨论了中国 ABS 相关法规的适用性范围及其规则，以及规则限定条件等相关内容。通过讨论不同获取和利用情境是否适用于 ABS 法规制度，分析不同情境下的管理思路，挖掘和总结可能面临的挑战和问题，使中国 ABS 相关法规制度最具可行性。

一、遗传资源获取与惠益分享情景清单

通过对中国相关法规制度关于遗传资源获取和惠益分享规定的梳理可知，动植物等生物资源的专项立法主要覆盖国家重点保护的野生动植物的遗传资源，而对于遗传资源的具体开发利用，现行法规并未对管制活动的具体客体进行规定，只是对动植物遗传资源单独立法保护。通过对生物医药、化妆品、保健品和食品开发等有代表性的相关行业企业的遗传资源获取和利用情境进行调研，有 4 个发现：（1）参与调研的企业及行业协会对 ABS 立法持支持态度，但普遍表示需要加强对 ABS 相关知识的普及；（2）生物医药企业对 ABS 立法的关注度较高，大部分认为其研发活动可能被纳入 ABS 监管范围；（3）化妆品行业企业较为关注 ABS 相关立法进展及政策要求，认为需要普及 ABS 相关知识；（4）食品和保健品行业企业对微生物遗传资源纳入 ABS 监管范围有异议，认为难以管理。

根据对上述行业企业的调研，建议如下：（1）“适用性范围”应与《名古屋议定书》保持一致；（2）“适用性范围”应遵循与其他国际协会及国内相关法律法

① 该节内容源于责扬天下（北京）管理顾问有限公司完成的《中国遗传资源获取与惠益分享法规制度适用性范围研究报告》。

规的原则一致性和相互衔接性；（3）ABS 法规“适用性范围”的设置应当兼顾理论与实际、一般与特殊以及保障的可行性；（4）“适用性范围”需选择性借鉴其他典型国家/区域 ABS 现有法规管理经验。

基于科学性、系统性和可操作性原则，从遗传资源定义、形态范围、时间范围、地理范围、与其他法规政策的衔接等维度对遗传资源的范围进行限定。在满足遗传资源限定范围情况下，将获取活动按照获取形态、获取者和利用者主体、获取来源（获取地）、时间范围和其他分为 5 类，其中包含 18 个获取情境；将利用活动按照非商业利用、商业开发、目的转变和紧急健康事件分为 4 大类，包含 12 个利用情境。每个情境从情境描述、情境分析、适用性建议、示例 4 个部分进行论述。在此基础上，整理了获取与利用情境适用清单（26 条）和不适用清单（12 条），见表 2-1、表 2-2。

表 2-1　获取与利用情境适用清单

➢ 获取活动：

获取形态：

- 获取生物活体（包括器官、组织、细胞、DNA 片段等具有遗传活性的材料）
- 获取生物体标本（可能没有活性遗传材料，但具有商业利用价值）
- 获取生物活体的提取物（可能含有或不含有遗传物质）
- 利用遗传资源研究而发表的遗传信息数字序列

获取者和利用者主体：

- 国外机构与个人获取和利用遗传资源
- 国内机构与个人（外地）获取和利用遗传资源
- 国外机构与国内机构合作获取和利用遗传资源
- 原产地居民不以自身消费为目的，以非传统方式开发利用遗传资源

获取来源：

- 野生生境采集遗传资源
- 市场购买遗传资源后，进行以获得新产品或新用途为目的的研究利用活动
- 从遗传资源收集库（植物园、动物园、种子库等）获取遗传资源
- 转让/赠送遗传资源
- 通过公开发表的科研成果获得遗传资源信息

时间范围：

- 在中国加入《名古屋议定书》（2016）后获取的遗传资源

其他：

- 平行国际公约没有监管的“遗传资源的获取与利用行为”
- 来自本国原产，但国外也有多个原产地的遗传资源

➢ 利用活动：

非商业利用：

- 对遗传资源进行科学研究，例如基因测序
- 使遗传资源转变为更好的测试或参考工具
- 通过培育、繁殖、克隆或其他方式，复制遗传资源

商业开发：

- 对农林作物、畜禽和水产品进行培育，生产新品种
- 当地传统社区以外的主体将遗传资源用于商业产品开发（包括生物医药、化妆品、保健食品）
- 遗传资源用于基因修饰、基因治疗等特殊用途
- 遗传资源用于其他（花卉、园艺、工业原料等）开发利用，以期获得新的产品或使其有新的用途
- 遗传资源原用途改变

目的转变：

- 前段用于非商业利用，后段转为商业开发的遗传资源

紧急健康事件：

- 以商业为目的，由商业企业自行进行开发、利用遗传资源用于应对公共卫生事件

表 2-2 “遗传资源”典型活动类型不适用清单

➢ 获取活动：

获取者和利用者主体：

- 原产地当地人为满足自身消费，以传统方式开发利用遗传资源

获取来源：

- 市场购买遗传资源后，不进行以获得新产品或新用途为目的的研究利用活动

时间范围：

- 在《公约》生效前获取的遗传资源
- 在《公约》生效后到中国加入《名古屋议定书》（2016）前获取的遗传资源

其他：

- 平行国际公约有监管的“遗传资源的获取与利用行为”

➢ 利用活动：

非商业利用：

- 仅以遗传资源已知/已开发出的作用作为“支持用途”的利用
- 遗传资源用于展览、标本等
- 储存遗传资源

商业开发：

- 社区居民、村民等在常规育种或传统实践中使用，包括农业、园艺、家禽养殖、乳品业、畜牧业、养蜂业、酿造业、渔业等。
- 当地传统社区将遗传资源用于产品开发（包括生物医药、化妆品、保健食品）
- 以观赏、食用和工业为目的，将遗传资源用于其他（花卉、园艺、工业原料等）用途

紧急健康事件：

- 出于保护公共利益，获取和利用遗传资源用于紧急公共卫生事件

二、适用性判定流程

为便于管理者、使用者和提供者等群体判定相关获取活动和/或利用活动是否属于中国 ABS 法规制度的管理范畴，本节整理了获取、利用活动的判定流程，并绘制了 ABS 法规适用性判定流程图，如图 2-1、图 2-2 所示。

1．获取活动判定流程

第一步，判定获取对象及获取活动是否已经被其他国内法律法规所规范，如果已经被规范则属于不适用情形；

第二步，整体从获取时间进行判定，如果其属于中国加入《名古屋议定书》之前的获取行为则属于不适用情形；

第三步，以是否属于平行国际公约管理范围、是否以传统方式利用、是否以新的方式利用等为判定条件，判断获取活动是否应当纳入管理范围。

2．利用活动判定流程

第一步，判定利用是否已经被其他国内法律法规所规范，如果已经被规范则属于不适用情形；

第二步，首先将利用活动区分为非商业利用和商业利用，对于非商业利用以是否发生目的转变，是否出于公共利益，是否属于特殊利用情形为判定条件，判断非商业利用活动是否应当纳入管理范围。对于商业利用以是否属于传统利用方式，是否属于当地社区利用，是否属于特殊利用情形为判定条件来判断商业利用活动是否应当纳入管理范围。

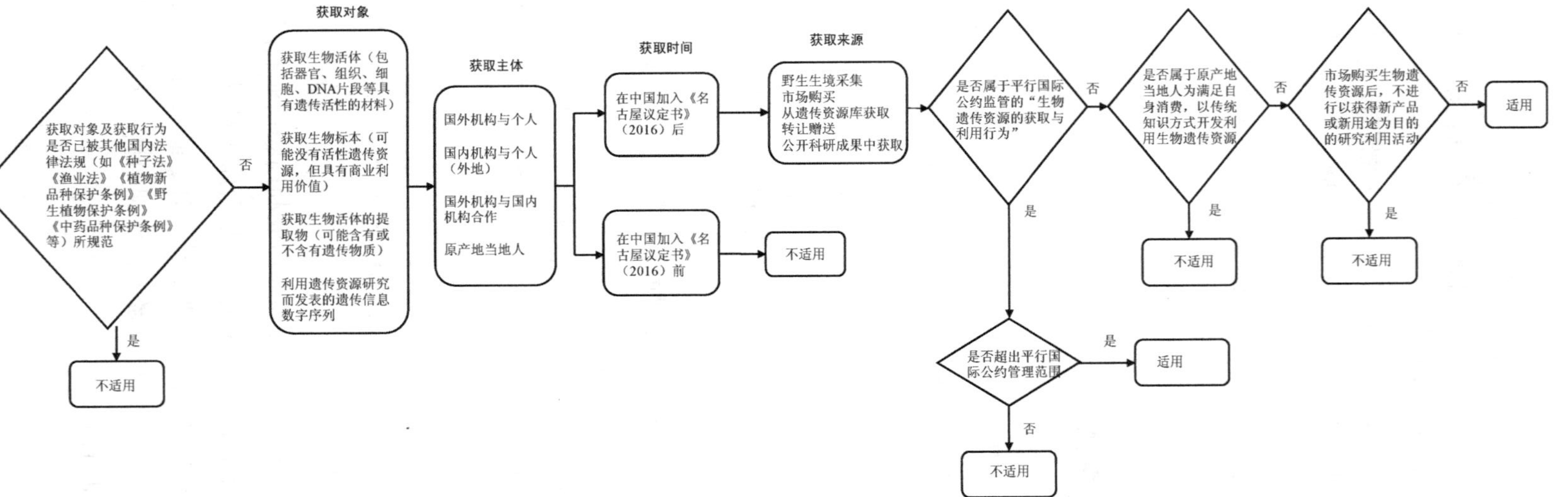

图 2-1 获取活动判定流程

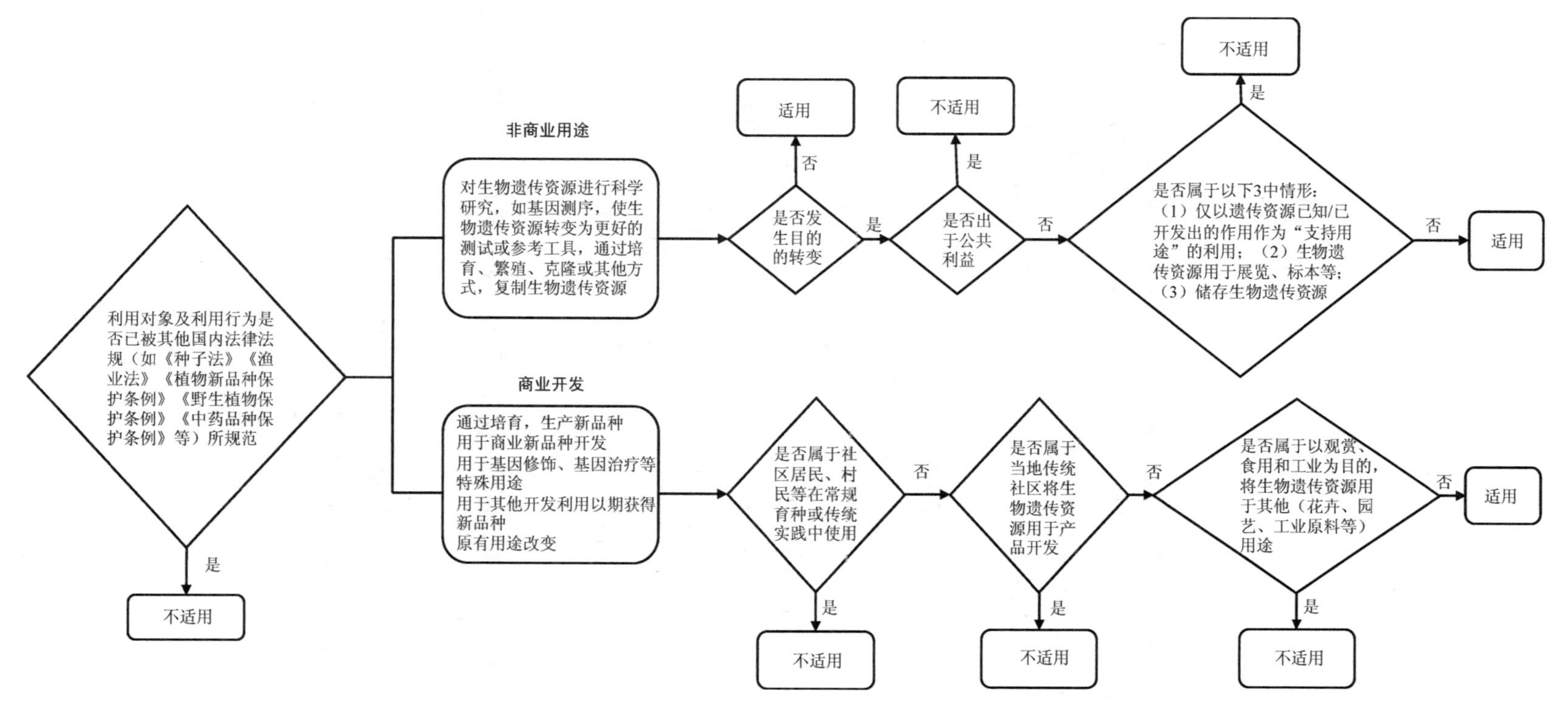

图 2-2　利用活动判定流程

第二节　遗传资源及相关传统知识获取与惠益分享程序研究[①]

《公约》和《名古屋议定书》对遗传资源及其相关传统知识的获取制度和惠益分享制度都有较为明确的规定，符合处于发展中阶段的遗传资源大国的诉求。为积极履行关于获取与惠益分享的国际义务，也为了保护中国重要的遗传资源和相关传统知识，中国于 2016 年 9 月 6 日加入《名古屋议定书》，正式成为缔约方之一。

目前，中国正处于实施《名古屋议定书》的初级阶段，国家获取与惠益分享的立法、行政、政策措施、制度框架建设、惠益分享的能力建设，以及全社会的意识还比较滞后，具体的、可操作的机制、规范、行业准则和指南都还尚未形成，因此，亟须在借鉴国际经验的基础上，根据国情形成中国遗传资源及相关传统知识获取与惠益分享的一般程序。本节内容来自《遗传资源及相关传统知识获取与惠益分享程序研究报告》(报告于 2018 年 8 月完成)，该报告提出了中国获取与惠益分享的一般程序建议，为国家制定关于遗传资源及其相关传统知识获取与惠益分享的制度提供借鉴，也将为国内商业机构、科研机构获取他国遗传资源及其相关传统知识提供参考。

一、遗传资源及相关传统知识获取与惠益分享程序的国际做法和经验

在制定获取与惠益分享程序的进程中，逐渐涌现出了一些值得借鉴的区域机制和国别经验，受篇幅限制，本节仅选取了区域组织和部分发达国家和发展中大国的相关经验进行展示，见表 2-3～表 2-7。

① 该节内容源于中国环境科学研究院完成的《遗传资源及相关传统知识获取与惠益分享程序研究报告》。

表 2-3　挪威获取与惠益分享制度、措施、程序汇总

国家/区域	措施	主管机构	范围	PIC 事先知情同意	MAT 共同商定条件	遵约措施	监测和追溯情况
挪威	《挪威自然多样性法案》（2009 年）；《海洋资源法案》	挪威环境部	从自然环境中获得的遗传资源材料；对于土著居民和地方社区的传统知识的利用（有待出台监管措施）	挪威环境部；监管措施中应当指出土地所有者、土著居民和地方社区之间该如何合理地分享惠益	在管理规章中进一步规定	从挪威作为遗传资源提供方的角度出发，制定了保障遵守 ABS 法规的措施； 需要制定一套类似的监管传统知识获取与惠益分享的措施； 根据刑法准则，未对遗传资源的来源进行披露的，或者不当披露的情况，处以罚款和监禁	—

表 2-4 亚太地区获取与惠益分享制度、措施、程序汇总

国家/组织	措施	主管机构	范围	PIC 事先知情同意	MAT 共同商定条件	遵约措施	监测和追溯情况
东盟[①]（ASEAN）	《关于获取遗传资源的框架协议草案》	由各成员国确定国家主管机构； 区域信息交换所机制有待建立和更新，建立之后将作为一个常设机制，促进 ABS 义务的履行； 东盟生物多样性保护中心作为重要的联络机制	遗传资源和材料，以及与这些遗传资源和材料相关的传统知识； 活动包括研究、生物勘探、保护活动、生物产业应用、生物资源的商业化利用等	国家； 土著居民； 地方社区	需要与资源提供方，尤其是土著居民和地方社区分享惠益。并且，土著居民和地方社区在惠益分享谈判中应积极扮演重要角色。 惠益分享的最低标准： 1）在研究活动中必须有本国人员参与； 2）分享研究成果，包括所有阶段性的发现； 3）必须将全套的样本交给国家机构备案； 4）本国人员可获取异地收集库中的材料； 5）遗传资源提供方可以无偿获取任何基于所获取的材料形成的技术； 6）费用、收益分成、经济收益； 7）捐赠仪器、设备等	定期对话与协商； 国家在获取规章中应当制定的程序，用于解决资源提供方和成员国之间的纠纷； 成员国之间基于获取与惠益分享的纠纷应当诉诸国际仲裁机构来解决	区域信息交换所机制应当作为重要监测机制，监测各国对于获取和惠益分享法规的执行情况；同时信息交换所还可适时发布与获取协议的信息（包括准予和废止协议的信息）；该信息交换所还可作为国家主管机构技术支撑机制

① 成员国包括菲律宾、泰国、印度尼西亚、马来西亚、新加坡、文莱、柬埔寨、越南、缅甸、老挝。

国家/组织	措施	主管机构	范围	PIC 事先知情同意	MAT 共同商定条件	遵约措施	监测和追溯情况
不丹	《生物多样性法》（2003）	国家农业部生物多样性中心	遗传资源、生物化学资源，包括野生生物资源、驯化的动物物种资源、栽培的植物物种资源	生物多样性中心； 传统知识的持有方	申请方和中心之间订立的合同中必须包括以下几项或全部内容：固定费用或预付款；收入分成；分期付款（重要节点付款）；共享知识产权；联合开展研究；技术转让；培训和能力建设；捐赠设施设备等	依据《生物多样性法》（2003），对于不遵约的情况进行民事或刑事制裁和处罚； 撤销获取许可	生物多样性中心颁布遗传资源来源证书
印度	《生物多样性法》（2002）；《生物多样性条例》（2004）	环境与森林部； 国家生物多样性管理局； 国家生物多样性委员会	生物资源和相关传统知识，包括动物、植物、微生物及其遗传材料，以及具有实际或潜在价值的产品	国家生物多样性管理局； 邦管理局	国家生物多样性管理局必须确保在遗传材料转让过程中遵循了事先知情同意原则，并且订立了共同商定条件，充分征询了土著居民和地方社区的意见； 可能的机制包括技术转让、联合知识产权、印度科学家和地方科研机构参与研发、印度科学家和当地研究机构都可以主张研发成果的知识产权，以及其他类型的惠益（包括货币形式和非货币形式）	对于违反相关规定的情况，处以罚款和拘留等惩罚； 撤销获取许可证	国家生物多样性 对基于遗传资源 情况进行监测，适时评估这些活动是否有违背相关规定的情况

国家/组织	措施	主管机构	范围	PIC 事先知情同意	MAT 共同商定条件	遵约措施	监测和追溯情况
菲律宾	《野生生物资源保育和保护法案》（2001）； DENR-DA-PCSD 第 1 号行政令（2004）； 《在菲律宾开展生物勘探活动的指南》； 《野生生物法》和 DENR 第 1 号行政令； 《土著居民权利法案》（1997）	环境与自然资源司秘书处；农业司秘书处	生物勘探包括商业研究； 利用生物和遗传资源； 科学研究中的化合物分离步骤与程序	商业研究包括 DENA 或 DA； 申请方； 土著居民与地方社区； 管理委员会或私营实体机构	在 PIC（事先知情同意）程序期间就 MAT（共同商定条件）进行谈判。MAT 必须包括生物勘探费、利润分成、固定付费、预付款、使用方和提供方，还可以就非货币形式的惠益进行谈判，公平和公正地分享相关惠益	不遵约的情况包括未经授权的收集、采集、狩猎活动以及未经授权的情况下持有野生生物资源的现象。对于不遵约的处罚实施罚款、没收资源和材料、拘留等	监测履约的方法和措施包括要求使用方定期递交研发进展，尤其是基于所获取的遗传资源开发出了哪些新的有实际和潜在利用价值的化合物；要求使用方递交年度进展报告，其中包含对 PIC 的遵守情况，惠益分享情况； DFA 和 DOST 可以协助在海外开展监测活动，同时也鼓励公众积极参与监测和资源追溯活动

国家/组织	措施	主管机构	范围	PIC 事先知情同意	MAT 共同商定条件	遵约措施	监测和追溯情况
澳大利亚	《环境保护和生物多样性保育法案》（1999年）； 《环境保护和生物多样性保育条例》； 《获取和利用澳大利亚本土遗传和生物化学资源的全国一致做法》	环境、水资源和遗产局； 国家遗产管理局	本土遗传资源，本土生物化学资源； 商业和非商业目的的研究活动	联邦/国家管理局； 对于传统知识的利用应当征得知识持有者的批准，并且与其进行合作； 与传统知识持有者确定共同商定条件	在申请方和提供方之间公平分享所得惠益。例如，分享研究成果；将研究成果公之于众，供大众使用；申请方和提供方之间达成有约束力的惠益分享协议		

表 2-5　拉丁美洲与加勒比海地区获取与惠益分享制度、措施、程序汇总

国家/组织	措施	主管机构	范围	PIC 事先知情同意	MAT 共同商定条件	遵约措施	监测和追溯情况
安第斯共同体	《关于遗传资源获取的共同制度》（1996）； 关于利用遗传资源的示范合同的第415号决议； 2000 年发布的关于工业产权的第486号决议	由成员国指定的公共机构	遗传资源，其副产品，以及非物质元素（传统知识、创新和实践）；由于自然原因，在国家领土范围内发现的迁徙物种所携带的遗传资源； 所涉及的活动包括研究、生物勘探、保护、行业应用、商业利用	国家机构；另外，需要对土著居民、非裔美国人，以及地方社区对其所拥有的传统知识、创新和实践的决策能力予以承认和认可； 需要与迁地中心、私人提供方签订获取合同	合同必须对以下内容作出约定： 1）参与此研究活动的人员； 2）国内对该研究项目提供了哪些支持； 包括环境友好型的生物技术； 4）提供关于所述及的利用活动的较早前的信息；关于遗传资源或其产品的研发现状信息； 5）能力建设措施； 6）收集到的材料必须存放到国家机构； 7）在发表的文章或报告中指出所涉及的遗传资源的来源国； 8）必须将（基于遗传资源的）研究结果报告给国家（指定）机构	1）废除合同：即取消研发等相关合同； 2）罚款：对于不遵约的情况酌情处以罚款； 3）没收：即在不遵约的情况下，由成员国政府指定的机构没收相关遗传资源和材料； 4）关张：即在不遵约的情况下，由成员国政府指定的机构关闭研究设施、停止研发活动； 5）损害赔偿：对由于不遵约所造成的负面影响提供赔偿； 6）制裁：对于严重的不遵约情况，采取民事或刑事制裁	1）可在获取合同中包含关于查明和追踪样本的机制； 2）由政府支持的机构应当有义务与主管机构协作和合作； 3）报告； 4）与国家知识产权办公室保持持续联系和沟通； 5）来源证书

国家/组织	措施	主管机构	范围	PIC 事先知情同意	MAT 共同商定条件	遵约措施	监测和追溯情况
中美洲环境与发展委员会	《中美洲关于获取遗传和生化资源以及相关传统知识的协议》	由成员国指定的公共机构	遗传资源和生化资源（包括野生资源和驯化资源，迁地物种和就地物种，以及由于自然原因在成员国领土上发现的物种，与上述资源相关的传统知识）； 活动范围：基础研究；生物勘探；商业化利用活动	后续参与到因获取遗传资源而产生的惠益分享中； 对于遗传资源的获取需要满足权利持有人的 PIC 条件； 对地方社区的相关决策能力需给予承认和认可	1）参与研究的人员； 2）技术（包括生物技术）转让机制； 3）对研究结果及其对国家的价值作出汇报； 4）将收集到的材料备份一份到国家授权的主管单位； 5）提供有关于所涉及的遗传资源的科学信息； 6）在学术作品中指出提供国，并向其致谢； 7）提高机构、国家和社区保护和可持续利用生物多样性的能力； 8）分配一定比例的版税或其他收入	当发现并未向知识产权局或其他监管机构递交材料，证实所述及的遗传材料是合法获取的，那么则不准予进行知识产权的登记造册	监测所述及的遗传材料是否被转让给了第三方

国家/组织	措施	主管机构	范围	PIC 事先知情同意	MAT 共同商定条件	遵约措施	监测和追溯情况
巴西	第2186-16号临时措施（2001）	遗传资源管理委员会	遗传资源和其他相关的传统知识； 对于为了非商业目的而进行的开发需要有区别措施	1）国家主管机构； 2）土著社区； 3）保护地管理局； 4）土地所有者； 5）海洋主管部门； 6）国土安全局	订立获取与惠益分享的合同必须对以下内容进行约束和规定：利益的分配额度；分成；技术转让；产品许可安排；研发工艺过程的许可安排；能力建设安排	1）解除合同； 2）处以罚款； 3）没收标本和产品； 4）叫停产品销售； 5）关闭生产设施； 6）专利、许可证撤销； 7）禁止与公共管理机构签订合同，换句话说，如果发现有不遵约的情况，那么该企业或其他使用方将失去与公共管理机构再次合作的机会； 8）对于有不遵约案底的使用方，将限制其享受税收激励措施带来的益处	基于遗传材料或者遗传基因而开展的研发，在此过程中形成的新的研发工艺或终端产品，在申请知识产权时，需要对所利用遗传材料，以及相关传统知识的来源作出披露

国家/组织	措施	主管机构	范围	PIC 事先知情同意	MAT 共同商定条件	遵约措施	监测和追溯情况
哥伦比亚	《安第斯共同体第391号决议》; 环境研究生物多样性许可部第309号令（2000）；环境部第391号决定（1997）、第1393号决议（2007）;内务部第1320号令（1998）	环境部	遗传资源，其副产品和非物质成分； 商业化和非商业化研究	环境部； 当涉及传统知识时，须征求土著居民和地方社区的意见	非经济惠益（当涉及与生物多样性相关的研究时，应向国家研究所提供样本和研究结果或过程产物）； 对于非商业化的研究，仅需要分享非经济惠益即可	1）废除合同； 2）处以罚款； 3）没收相关材料； 4)缴付损害补偿费用； 5）民事和刑事制裁	《安第斯共同体第486号决定》第26条要求，在专利申请材料中，必须包括遗传资源的获取合同，以及授权利用传统知识的文件，作为申请专利的不可或缺的一部分
墨西哥	《生态平衡与环境保护总则》（1998）； 《野生动物法》（2003）； 《可持续发展总则》（2003）	环境和自然资源部； 国家生物多样性知识和利用委员会	生物资源（包括遗传资源）	国家主管机构； 环境和自然资源部； 土地所有者，包括土著居民		未承认土著居民的所有权的权利；土著居民对于其知识的权利，以及利用地方品种的权利	

国家/组织	措施	主管机构	范围	PIC 事先知情同意	MAT 共同商定条件	遵约措施	监测和追溯情况
秘鲁	《生物多样性保护和可持续利用法》（1997）； 《获取秘鲁生物多样性，以及土著居民集体知识的保护法》（2004）； 《保护与生物资源相关的土著居民集体知识的制度》（2002）；《秘鲁 ABS 条例》（2009）	环境部； 行政主管机构； 渔业部、国家农业研究所、农业部、野生动物管理局	遗传资源及其副产品； 相关的传统知识（生物多样性的非物质组分）	环境部； 持有集体知识（传统知识）的土著社区； 其他利益相关方	基于土著居民社区的集体智慧（集体持有的传统知识）而开发出的产品，在取得经济效益时，需要与土著居民社区，以及其他利益相关方进行惠益分享	对于违法相关法律和合同规定的活动采取法律制裁	国家生物多样性保护委员会应该对境外授予的专利进行核查，审查其中是否涉及利用秘鲁国内的遗传资源和相关集体知识，查明这些专利的取得是否在很大程度上是基于秘鲁国内的生物资源

表 2-6 非洲地区获取与惠益分享制度、措施、程序汇总

国家/区域	措施	主管机构	范围	PIC 事先知情同意	MAT 共同商定条件	遵约措施	监测和追溯情况
埃塞俄比亚	《关于获取遗传资源和社区知识，以及社区权利的第 482 号公告》（2006）（以下简称《482 号公告》）	埃塞俄比亚的公告（法律地位类似于条例）并未明确指出哪家单位是 ABS 事宜的国家主管机构。但是，生物多样性保护研究所被授权承担一些有关于 ABS 的事务	于在两种情况下对遗传资源的获取，一是就地获取；二是从异地收集库中进行获取。《482 号公告》还适用于对社区知识的获取	根据《482 号公告》第 12 条，对于遗传资源的获取必须取得国家生物多样性研究所的事先同意，对于社区知识的获取必须得到相关社区的事先知情同意	受益方和国家之间的惠益分享应当是公平和公正的［第 12（3）条］。至于社区，由于其是遗传资源的间接提供方（国家对遗传资源拥有主权权利），国家应当将所得收益的 50%分配给社区	违反条例的相关条款规定，不仅需要负民事责任，还会启动刑事制裁（第 35 条）。视为不遵守条例的情况包括在未取得获取许可证的情况下，获取遗传资源或社区知识；在申请获取许可的过程中，以及在后续研发过程中，提供虚假信息；在改变获取意图后，未重新申请获取许可；在未得到开发许可的情况下，开采或开发遗传资源。违反条例的处罚措施包括罚款和拘留等。具体视违法的情节严重程度而定（第 35 条）	—

国家/区域	措施	主管机构	范围	PIC 事先知情同意	MAT 共同商定条件	遵约措施	监测和追溯情况
肯尼亚	《环境管理与协调条例》（2006）（以下简称《条例》）。其中对生物多样性保护，遗传资源的获取和惠益分享作了规定	国家环境管理局	《条例》中不包括的遗传资源利用类型和活动有：1）肯尼亚当地社区民众之间，为了食用和基本消费的目的，互相交换遗传资源及其衍生物；2）依据《种子和植物品种法案》获取来自植物育种者的遗传资源；3）人类遗传资源；4）已经得到批准的学术目的的研究活动，而且这些活动是由肯尼亚公认的科研机构开展的，已经遵守了相关的知识产权法	根据《条例》，打算利用遗传资源的人员和机构需要提出申请，申请材料中必须提供关于已经取得相关方（提供方、主管机构）PIC 的信息。即在申请获取许可之前就必须取得 PIC	《条例》中提供了一个关于惠益的非穷尽清单，其中包括货币惠益和非货币惠益	对于遗传资源，如果持有许可证的人员或机构违反了许可证的要求，此种情况下，《条例》赋权给国家环境管理局（NEMA）进行处理，包括吊销许可证	国家环境管理局（NEMA）有责任与其他相关主管单位进行协商，对肯尼亚境内的生物多样性利用情况进行监测，并采取必要措施防控其减少和丧失

国家/区域	措施	主管机构	范围	PIC 事先知情同意	MAT 共同商定条件	遵约措施	监测和追溯情况
非洲联盟	制定了关于保护地方社区、农民和育种者的范式法，以及制定了关于获取生物资源的条例。	由各成员国确定其国家主管机构	生物资源包括对人类具有实际或潜在利用价值的遗传资源、有机体或其组分、生态系统的整体或其任何组分	国家主管机构；涉及的地方社区	申请方必须与国家主管机构、相关地方社区签订协议； 在协议中确定惠益分享的最低要求； 缴存所获取的资源的备份材料； 应将研究过程中的任何新发现，告知国家主管机构和相关的地方社区； 作出惠益分享安排； 对生物资源的保护工作，以及传统知识的收集整理工作作出经济贡献； 尽可能在管辖范围内开展研究工作； 其他惠益分享要求包括采集费；国家和相关社区有权使用开发过程中的阶段性成果	与相关成员国沟通协调，对违反相关规定的使用方处以罚款等惩罚	

国家/区域	措施	主管机构	范围	PIC 事先知情同意	MAT 共同商定条件	遵约措施	监测和追溯情况
南非	《国家环境管理：生物多样性法》（NEMBA，2004）	环境部； 生物勘探信托基金	NENBA 第 3 部分涉及生物勘探、获取与惠益分享（ABS）。该部分指出 ABS 涉及的范围包括生物勘探项目的“研究发现”阶段，以及“商业化阶段”；为了生物勘探的目的，出口源自土著与地方社区的任何生物资源；为了任何研究目的，出口源自土著社区的生物资源	对于打算申请生物勘探许可证的人员和机构来讲，其必须先取得主管机构，或者其他在获取资源方面有决策权的机构的事先知情同意[第 8（1）条，以及其附件 2 的第 1 部分]	法案的附件 8 对惠益分享协议作了规定； 法案第 9 条，基于遗传资源和相关知识的惠益有多种多样，每个案例都各有不同，惠益分享的安排将视具体情况而定，以及需要考虑土著与地方社区的参与情况，将其贡献和意见纳入考虑。法案就惠益的类型（包括货币和非货币惠益）给出了一个非穷尽的清单	法案在第 20 条就处罚办法给出了说明。违反法案的案例包括在未取得获取许可的情况下擅自获取遗传资源和相关知识；未经许可，出口来自土著社区的生物资源，转让来自土著和地方社区的传统知识。对于这些违法或违规的情况，将处以罚款以及其他更为严重的处罚	—

表 2-7 北美地区获取与惠益分享制度、措施、程序汇总

国家/区域	措施	主管机构	范围	PIC 事先知情同意	MAT 共同商定条件	遵约措施	监测和追溯情况
加拿大西北领地	《科学家法案》（1974）	奥罗拉研究所	科学研究，以及为科学研究收集标本的活动； 不包括就野生生物开展的研究，以及考古学研究，这两类研究活动归属于别的法规范畴	奥罗拉研究所； 研究人员； 土著社区	未就 MAT 作出规定； 研究人员必须就研究成果进行报告； 研究人员必须与研究机构分享研究成果	罚款； 刑事拘留	要求就研究进展和成果作出年度报告
美国	《联邦条例守则》； 《国家公园综合管理法案》（1998）	国家公园服务研究和报告系统	在国家公园体系内开展任何研究都需要通过许可系统审批。未经许可采集植物、鱼类、野生动物、石块或矿物质的活动都被视为是违法的	公园管理局； 研究人员； 在整个 PIC 的过程中，需要确保所提议的研究活动符合政策与规章的要求； 在 PIC 材料中说明获取的目的，如学术目的、商业目的、生物技术开发目的等	按照 CRADA（Cooperative Research and Development Agreement）的体例确定惠益分享的条件； 研究人员必须定期就研究进展情况作出汇报，并提交基于此研究的文章、报告等科研成果	在违反规定的情况下，可搁置或撤销许可； 在未订立 CRADA 协议的前提下所进行的获取活动，国家公园管理局（NPS）有权分享源于此类活动 20%的收益	提交年度报告； 某些情况下，采集活动需要在主管机构员工的陪同下进行

二、遗传资源及相关传统知识获取与惠益分享范式程序

在相关国家与区域关于遗传资源及其相关传统知识获取与惠益分享程序经验的基础上，本节提出了中国获取与惠益分享的一般程序。

国家联络点与主管机构

联合国《公约》规定，各国对其自然资源拥有主权权利，可否取得遗传资源的决定权属于国家政府，并依照国家法律行使。因此，当使用方获取遗传资源时，必须掌握提供国国内与 ABS 相关的立法和行政措施。按照《公约》和《名古屋议定书》的规定，提供国的国家联络点和国家主管当局有义务提供此类信息。

国家主管当局应该负责准予事先知情同意，并且就以下事项提供权威咨询。

- 如何进行获取与惠益分享的谈判？就谈判程序给出建议；
- 取得事先知情同意（PIC）的条件，订立共同商定条件（MAT）的要求；
- 对 ABS 协议进行监测和评估；
- ABS 协议的履行/强制执行；
- 处理和批准 ABS 申请材料；
- 就获取的遗传资源进行保护和可持续利用；
- 形成有效机制，促进不同利益相关方的参与，尤其是土著和地方社区的参与。

需要指出的是，因国情不同，有些国家提供的国家联络点并不是实际准予事先知情同意许可的部门或机构，因此使用方需要进一步咨询和确认。

（1）事先知情同意（PIC）程序

在一般的合同中，只需要签约双方（如甲方、乙方）对合同内容达成一致即可，但是在《公约》和《名古屋议定书》背景下，遗传资源和/或相关传统知识区别于一般商品，是对一个国家的经济、社会、环境，以及生态保护具有重大意义的战略资源。因此，对于遗传资源和/或相关传统知识的获取，不仅需要合同双方的同意，还需要取得上述资源和知识的提供国的国家主管当局（丙方）的事先知情同意，并遵守提供国的法规措施。

使用方在获取遗传资源时，需要依照提供国的相关立法、行政和政策措施，向提供国的国家主管当局（或当局委托的主管部门）递交充分的信息材料，以通过事先知情同意程序，取得提供国的事先知情同意（PIC）。

鉴于提供国的国情不尽相同，管理体制迥异，在一些国家，除需要取得该国主管当局、主管部门和机构的事先知情同意以外，可能还需要取得相关方的同意。例如，在某些国家，土著与地方社区的地位相对独立，政府并不能完全代表其作出重大决定，尤其是事关其所持有的与遗传资源相关的传统知识。在此种情况下，使用方需要取得土著与地方社区的事先知情同意。

在确定要获取的遗传资源和/或相关传统知识之后，尽快掌握潜在提供国及其所处区域有无明确的PIC程序，如果有的话，建议使用方继续确定以下信息。

1）准予PIC的机构

可准予PIC程序的行政级别。是必须经过中央政府一级批准，还是省一级批准？

当涉及特定资源和相关知识时，依照提供国的立法或行政措施，是否需要土著与地方社区的事先知情同意或批准？

依照提供国的立法或行政措施，对特定社区而言，是否存在一些特别的习惯法、社区协议、标准、规范、守则和机制等。

2）取得PIC程序

依照提供国的立法或行政措施，需满足哪些条件才可以取得PIC？

具体程序：

（a）关于PIC的申请材料应该递交给哪个单位？在准备材料过程中应该咨询哪个机构？

（b）有无申请PIC的模板？如果有，哪些信息（如获取目的、目标遗传资源、使用周期、费用等）是必须提供的？

（c）还有哪些附带条件？

准予此PIC的具体用途是什么？如果利用目的发生改变，或者使用方打算将获得遗传资源和/或相关传统知识转让给第三方，需要走哪些程序？

准予的PIC许可是一份纸质文件吗，还是电子格式，或者是在线许可？

在递交PIC申请后，多少个工作日能得到批准？

准予的许可是否会被发布到《公约》秘书处的ABS信息交换所网站上，作为国际认可的遵约证书？

（2）确定共同商定条件（MAT）的程序

为成功订立MAT，相关方（提供方、使用方、监管方）需就MAT进行谈判。关于MAT应涉及的具体内容，相关方可参考《波恩准则》第44段中提供的“MAT的非指示清单”。有些缔约方已经制定了较为清晰、明确且可操作性比较强的MAT规则程序和一般模式，而大部分国家还在探索中，尽管相关规范较多，但较为繁冗，难以操作，对此，使用方需要自行判断应该从哪个国家进行获取。

在与提供国的相关方谈判 MAT 前，需要仔细研究和掌握该国获取和惠益分享相关的立法、行政和政策措施、行业指南、标准等可适用的文件。建议使用方仔细研究该国的商业法和产业规则、商业机制等。另外，鉴于与遗传资源相关的传统知识问题较为复杂，其中包含很多不确定的因素和环节，建议使用方可以认真研究和掌握提供国在传统知识方面的政策安排、土著社区、地方社区、少数民族地区的习惯法、村规民约等民间实践做法。

在谈判 MAT 过程中，如果涉及遗传资源的转移，那么就需要参照《标准材料转让协议》（Material Transfer Agreement，MTA）的相关规定。MTA 实质上是一类合同，就如下信息做出约定。

- 所转让材料的类型、数量；
- 材料转让的具体时间；
- 材料转让后将用作何种用途（必须具体说明，例如是用作非商业用途还是商业用途）；
- 材料是否可被转让给第三方，如果可以的话，需说明具体的转让程序。

《波恩准则》第 44 段给出了典型的共同商定条件的一份指示性清单，在参考该清单的基础上，我们建议在 MAT 中包括以下内容。

- 承认遗传资源原产国的主权；
- 遗传资源的类型和数量，以及进行活动的地理、生态区域；
- 对材料的用途所规定的任何限制；
- 应在协议中指明各方面的能力建设诉求，以及强化能力建设的具体途径；
- 单列一个条款，指出在遗传资源用途发生改变的情况下，需要重新谈判 MAT；
- 明确规定是否可以把遗传资源转让给第三方，如果可以转让的话，需要规定具体转让条件；
- 单列一个条款，指出在获取和利用遗传资源和/或相关传统知识的过程中，务必尊重、保护和维系土著社区、地方社区、少数民族社区的传统知识、创新和实践做法，保护和鼓励根据传统习俗、习惯法持续利用生物资源的方式；
- 对如何处理机密性的资料和信息予以规定；
- 具体如何公平和公正分享因利用遗传资源及其衍生物，以及产品的商业利用而产生的惠益。

（3）科研中的获取与惠益分享程序

科研活动的ABS既适用于就地采集和收集的遗传资源，也同样适用于从异地收集库中获取的遗传资源。此外，科研相关ABS中不涉及人类遗传资源。科研活动中也常涉及与粮食和农业相关的植物遗传资源，这里的遗传资源指的是对粮食和农业具有实际和潜在价值的植物遗传材料。科研活动中不仅涉及对遗传资源的获取，还涉及对遗传资源相关传统知识的获取，这些传统知识一般由土著和地方社区持有。对于传统知识，目前国际上尚没有一个统一的界定，一般是指土著和地方社区体现传统生活方式而与生物多样性的保护和持久利用相关的知识、创新、做法和实践。

科研过程中对于遗传资源的获取，既包括就地获取，也包括异地获取，即从某个机构或者第三方获取。通过这两类途径获取的遗传资源，都需要遵守相应的ABS规则，见表2-8、表2-9。

表2-8　遗传资源和/或相关传统知识的就地获取步骤

1. 评估所涉及的研究与ABS的相关性
2. 如果所涉及的研究与ABS（紧密）相关，那么访问ABS信息交换所，查询以下信息：
a. 获得提供国国家联络点的联络信息；
b. 了解该提供国是否是《名古屋议定书》的缔约方，该提供国是否已经制定了ABS规章制度
3. 联系提供国的ABS国家联络点，询问以下信息：
a. 申请PIC的条件，订立MAT的条件；
b. 该提供国ABS国家立法、规章制度的其他细节（例如利用遗传资源及其相关传统知识的具体要求和规定，惠益分享的基本要求和具体规定等）
4. 询问该提供国还有哪些额外规定（例如关于研究许可的规定，进出口的规定等）
5. 申请PIC（事先知情同意）许可
6. 谈判MAT（共同商定条件）
7. 在研究期间，严格遵守MAT和提供国的法律规定
8. 依据MAT的条件，进行惠益分享
9. 研究结束后，根据MAT对所收集到的材料进行处理。将材料转让给异地的第三方机构或个人时，应将所有相关的ABS文件材料全部转交给上述机构和个人

表 2-9　异地条件下对于遗传资源和/或相关传统知识的获取步骤

了解与计划获取的目标遗传资源相关的异地设施条件：
1. 该收集库为官方注册收集库。此种情况下，需要确认该收集库已经就目标遗传资源得到了原始提供方的事先知情同意（PIC），并就目标遗传资源与原始提供方订立了关于获取和惠益分享的共同商定条件（MAT）
2. 该收集库不是官方注册的收集库。此种情况下，需要确认收集库中的材料是否是合法获取的，收集库对于其所拥有的材料的所有权是否明确。该收集库是否已经就目标遗传资源得到了原始提供方的事先知情同意（PIC），并就目标遗传资源与原始提供方订立了关于获取和惠益分享的共同商定条件（MAT）
3. 如果该收集库中的材料是合法合规获取的并已经就目标遗传资源得到了原始提供方的事先知情同意（PIC），并就目标遗传资源与原始提供方订立了关于获取和惠益分享的共同商定条件（MAT），那么此种情况下严格遵守 PIC 和 MAT 即可。如果不符合上述情况，那么使用方则需要在提供国重新申请新的 PIC 和 MAT

（4）ABS 程序中应提交的材料

在遗传资源及相关传统知识获取与惠益分享过程中，需要提交各种材料，本报告对可能涉及的申请表格、协议等材料进行了列举，并给出了建议的模板（模板清单请见附件 1）。

1）获取遗传资源和/或相关传统知识的申请表；

2）事先知情同意三方协议；

3）共同商定条件；

4）使用方提交给遗传资源及其相关传统知识“登记簿”的信息；

5）使用方在研究基金阶段，递交其履行尽职审查义务的声明；

6）使用方在产品开发的最后阶段，递交其履行尽职审查义务的声明；

7）将研究成果转让给外国机构、人员，用于商业目的的申请表；

8）向国家主管部门递交的关于准予其申请知识产权的申请。

第三节　国内外遗传资源获取与惠益分享协议研究①

遗传资源是经济社会可持续发展的战略资源，也是现代生物产业发展的基础，具有巨大的科研价值和商业开发价值。《名古屋议定书》规定，各国对其自然资源享有主权权利，要求各缔约方建立和完善国内获取与惠益分享制度，加强获取与惠益分享能力建设，特别是采取立法、行政和政策措施，落实共同商定条件原则，制定部门和跨部门间的示范合同条款，指导遗传资源的获取与惠益分享活动，使用者和提供者达成符合《名古屋议定书》和缔约方国内立法的获取与惠益分享合同。为了提供相关合同协议模板，本节从《国内外遗传资源获取与惠益分享协议研究报告》（报告于 2018 年 5 月完成）中摘取了相关的合同范本，为国家开展相关工作和利益相关方签订有关协议提供了基础模板。

一、获取与惠益分享国际法实践

本节以联合国粮食和农业组织（Food and Agriculture Organization of the United Nations，FAO）和世界卫生组织（World Health Organization，WHO）为研究对象，分析粮食和农业植物遗传资源、大流行性流感病毒获取与惠益分享管制措施，特别是对《粮食和农业植物遗传资源国际条约》（ITPGRFA）和《大流行性流感防范框架》（Pandemic Influenza Preparedness Framework，以下简称 PIP 防范框架）的材料转让协议进行分析和评价。

1．FAO-ITPGRFA 多边系统与《标准材料转让协议》

（1）ITPGRFA 多边利益分享系统

ITPGRFA 又称粮食和农业植物遗传资源，指对粮食和农业具有实际或潜在价值的任何植物遗传材料，而遗传材料是指含有遗传功能单位的有性繁殖和无性繁

① 该节内容源于生态环境部南京环境科学研究所赵富伟老师完成的《国内外遗传资源获取与惠益分享协议研究报告》。

殖材料。ITPGRFA 承认各国对其粮食和农业植物遗传资源的主权，同时为方便获取这些资源以及公平分享相关利益，建立粮食和农业植物遗传资源获取与利益分享多边系统，将 64 类粮食和饲草（约占人类粮食种类的 80%）农作物纳入多边系统。ITPGRFA 成员须向所有缔约方开放利用其保存的作物资源，方便育种者、科学家和相关企业获取和促进科学研究、创新以及信息交换。

（2）《标准材料转让协议》及其成效

按照 ITPGRFA 的规定，通过多边系统获取粮食和农业植物遗传资源的使用者，必须签订《标准材料转让协议》（Standard Material Transfer Agreement，SMTA）。ITPGRFA 授权其管理机构制定和实施 SMTA 标准条款和条件，并与获取者签订实务协议。

SMTA 包含序言、主条款和附件 3 个部分。其中，主条款主要包含协定当事人、定义、材料转让协议的对象、提供方的权利与义务、接受方的权利和义务、适用法律、争端解决等条文；附件包含材料清单、付款、备选付款计划及其备选方案。

（3）实施成效

截至 2017 年 7 月，ITPGRFA 多边系统已纳入超过 150 万份植物遗传资源。从数量来看，缴存最多的是国际农业研究磋商小组各国农业研究中心和欧盟，每年通过签署 SMTA 交换的材料超过 10 万份。从 FAO 披露的数据来看，53 个国家在 2013—2016 年通过 190 份 SMTA 转让了 17 426 份遗传资源。信托基金自 2013 年起依据 SMTA 接收缴存资金。据估计，截至 2030 年，每年缴存的资金有望突破 2 400 万美元。

2．WHO-PIP 防范框架

（1）主要制度

2011 年，第六十四届世界卫生大会通过了 PIP 防范框架，建立了适用于“H5N1 型病毒及其他可能引起人类大流行的流感病毒”——“PIP 生物材料”的获取与惠益分享机制。该框架坚持病毒共享和利益共享对等的原则，承认国家对其生物资源拥有主权权利，支持通过 WHO 全球流感监测和应对系统（Global Influenza Surveillance and Response System，GISRs）的 152 个实验室共享病毒。为此，PIP 防范框架分别制定了针对 GISRs 系统内和系统外的标准材料转让协议。

（2）PIP 生物材料转让协议

➢ GISRs 系统内转让协议

GISRs 系统内转让协议即 GISRs-SMTA1 包含序言和协议主条文 2 个部分。

其中，主条文主要包括缔约方、主题事项、提供者的权利和义务、接受者的权利和义务、知识产权、争端解决、协议期限、接受和适用性等条款。协议当事人双方均为 GISRs 系统内的实验室。

➢ GISRs 系统外转让协议

GISRs 系统外转让协议包含序言和主条文 2 个部分。其中，主条文主要包括缔约方、协议的主题事项、定义、提供者的义务、接受者的义务、争端解决、赔偿责任和赔偿、特权和豁免权、名称和徽标、协议期限、终止、不可抗力、适用法律等条文。

（3）实施成效

截至 2016 年，PIP 生物材料惠益分享机制已经收到各类捐赠资金超过 2 800 万美元，大流行性流感病毒疫苗 3.5 亿剂，极大地促进了对大流行性流感的防范和应对工作。2016 年，WHO 专家组审查认为，PIP 防范框架正在得到充分实施，其作为全球公共卫生的一种基础性互惠模式，可以应用于其他病原体，但目前应当继续侧重于大流行性流感病毒。

二、代表性国家获取与惠益分享协议实践

1．南非

南非在 2004 年发布了《国家环境管理：生物多样性法》，并于 2008 年发布了《生物勘探、获取与惠益分享条例》，明确规定获取和利用南非境内的遗传资源需要签订《材料转让协议》和《惠益分享协议》。2015 年，南非政府发布了《生物勘探、获取与惠益分享条例》和《材料转让协议》《惠益分享协议》合同范本的修订版，完善了国内遗传资源获取与惠益分享管理制度和具体措施。

（1）管理制度

《国家环境管理：生物多样性法》将国家规定为生物多样性的托管人（custodian），明确了遗传资源和“传统知识”获取、研究、商业开发和出口管制的基本制度，包括行政许可、生物资源提供者资质和认定、获取与惠益分享合同范本、生物勘探信托基金等。获取人应当得到生物资源提供人——政府机构、社区（community）、土著社区（indigenous community）、自然人的事先同意，与之签订材料转让协议和惠益分享协议。在协议签订后，获取人应将其提交给政府主管部门审批。材料转让协议和惠益分享协议经审批后生效，并由主管部门签发本土生物资源获取许可证。

《生物勘探、获取与惠益分享条例》进一步规定，任何本土遗传和生物资源相关生物勘探活动应在发现阶段履行备案程序，细化本土遗传和生物资源生物勘探、出口生物勘探和出口研究的许可制度，明确材料转让协议和惠益分享协议的形式与内容、要求和标准，明确生物勘探信托基金的监管程序。

（2）合同范本

南非的获取与惠益分享合同范本由《材料转让协议》和《惠益分享协议》构成。

➢ 《材料转让协议》

《材料转让协议》由注释、许可证编号和协议主条文3个部分组成。主管部门审批通过后，需要在合同上注明许可证编号。主条文部分包括获取与事先同意、本土遗传和生物资源接受者、本土遗传和生物资源提供者、本土遗传和生物资源（范围）、权利与义务、第三方转让、本土遗传和生物资源（具体所指）、获取目的、完全合意、违约和终止等条文。

➢ 《惠益分享协议》

考虑到本土遗传和生物资源与传统知识所有权人或者持有人的差别，《惠益分享协议》包含2份协议，一份针对本土遗传和生物资源，另一份针对传统知识、传统知识的惠益分享协议随附在本土遗传和生物资源协议之后，同时商定、签署、审批和交存。

（3）经验与启示

南非遗传资源获取与惠益分享制度较为完善，从法律层面确立了国家对本土遗传和生物资源的托管人权力和权益以及管制的总体措施，再辅以行政法规对其进行解释和细化。特别是通过《材料转让协议》和《惠益分享协议》为当事人提供了较为详尽的实务指导，明确了当事人的法律地位、标的物、事先知情同意、惠益分享安排、第三方转让、争端解决、社群代表资质、传统知识特殊措施、资源新用途等的条件和要求，非常具有借鉴价值。

2．埃塞俄比亚

埃塞俄比亚是生物多样性丰富的欠发达国家，较早地建立了由法律和行政法规组成的遗传资源获取与惠益分享制度体系，发布实施了《遗传材料转让担保书》和《遗传材料转让协议》构成的合同范本体系。

（1）管理制度

2006年，埃塞俄比亚颁布实施《关于遗传资源获取、社区知识和社区权利的第482号公告》（以下简称第482号公告），规定遗传资源的所有权属于埃塞俄比亚政府和埃塞俄比亚人民，社区知识的所有权属于当地社区，明确承担获取与惠益分享审批职能的主管机构——埃塞俄比亚生物多样性研究所（Ethiopian Biodiversity Institute，EBI）。EBI 负责遗传资源和社区知识的获取、勘探、出口、商业、非商业等活动的行政审批，承担制定和发布合同范本、与申请人商定获取协议、接收惠益、使用货币惠益等职能。

按照第 482 号公告的规定，获取协议在内容上应包括当事人、遗传资源类型和数量、社区知识描述、遗传资源或者社区知识采集地或者提供人、遗传资源样本和社区知识缴存研究机构、遗传资源或者社区知识使用目的、获取协议与现有遗传资源或者社区知识其他获取协议的关系、EBI 指定参与收集或者研究活动以及负责监督协议实施的机构、政府应得惠益、当地社区从社区知识获取中应得惠益、获取协议的期限、争端解决机制、获取许可证持证人（申请人）法律义务。

（2）合同范本

EBI 发布实施《遗传材料转让协议》和《遗传材料转让担保书》合同范本。《遗传材料转让协议》仅供研究目的使用。《遗传材料转让担保书》是获取者所在国主管部门和支持单位为其活动提供担保的法律文件。

➢ 《遗传材料转让协议》

《遗传材料转让协议》包含当事人、目的、描述与数量、材料的使用、其他义务等条文。该协议的签署除需要获取者（“研究者代表”）和提供者（EBI）签字以外，还需要研究项目的资助者（支持单位）签字。

➢ 《遗传材料转让担保书》

EBI 分别制定了供国家主管部门和支持单位签署的《遗传材料转让担保书》格式文本。在支持单位担保书中，支持单位、国家主管部门均需签订担保书并作出响应承诺。

（3）实施成效

自 2014 年以来，EBI 在研究初始阶段所分享到的货币惠益为 231.4 万比尔（埃塞俄比亚比尔），约合 8.5 万美元。同时，相关获取和利用活动的启动，先期为当地社区的 857 名失业青年创造了就业机会。按照第 482 号公告的相关规定，EBI 代表埃塞俄比亚政府取得部分货币惠益，同时实际提供遗传资源的地方社区享有同等比例的惠益。据此初步推算，自 2014 年以来，埃塞俄比亚相关地方社区已经取得约 8.5 万美元的货币惠益。

（4）经验与启示

埃塞俄比亚采取中央集中统一监管的模式，通过国家法律设置较少的行政许可，指定专门机构即EBI负责获取审批和事中事后监督，由专门机构作为当事一方签订获取与惠益分享协议并接收和管理相关惠益，同时采取获取者单位和国家担保的形式提高遗传资源利用的监督执法能力，在一定程度上弥补了国家获取与惠益分享监管能力的不足。

埃塞俄比亚以法律的形式为获取遗传资源和社区知识规定了清晰、明确的事先知情同意程序。获取者需要全面披露拟议资源或者社区知识的信息，即使是被获取者视为商业秘密而加以保密的信息也应当披露给EBI。

埃塞俄比亚现行法律法规为惠益分享安排提供的指导十分有限，虽然将惠益区分为货币和非货币两种类型，但极为原则性地列举了若干惠益供当事人自愿协商和选择。由于提供者作为当事人一方，无论当地社区还是EBI，谈判能力相对不足、科研能力有限，如果没有国家法律法规提供基线保障，很难在协议谈判的博弈中争取到适当且公平的惠益。该公司在合同谈判阶段，就以公司初创、研发风险不确定、无力预先支付等理由拒绝或者削减了EBI多项货币惠益要求，甚至设定了年度授权费的最高上限。

埃塞俄比亚法律法规有关争端解决的规定极具原则性，《遗传材料转让协议》和《遗传材料转让担保书》也没有提供具体和可操作的指导。EBI和该公司在协议中引入《公约》框架下相关争端解决机制，一方面可以协商或者诉诸埃塞俄比亚法律，另一方面也可以求诸国际法，能够求得相对的平衡。

EBI采取的报告、检查、担保等措施，能够对标的物获取和利用的全过程进行追踪和监测。特别是，EBI要求的由获取者支持单位和国家主管部门分别签署的《遗传材料转让担保书》，获取者的行为和活动由所在国政府和指定机构提供法律担保，一定程度上能够弥补提供国法律不能域外管辖的不足。

3．美国

美国是典型的遗传资源利用国。它虽然没有加入《公约》及《名古屋议定书》，但国内对自然状态下保存的遗传资源，特别是国家公园体系内保存的遗传资源的获取与惠益分享相关的制度和实践经验十分丰富。

（1）法律制度

《国家公园管理局组织法》《国家公园综合管理法》《联邦技术转让法》《国家公园管理政策》《国家公园科学研究和资源收集许可基本条例》《国家公园管理局第77-10号局长令》等法律法规和政策确立了美国自然状态下遗传资源的获取与惠益分享管理的基本制度。自然状态、未经人工改造的遗传资源为联邦财产，由国家公园管理局（National Parks Service）管理并代表联邦政府行使所有权。《国家公园科学研究和资源收集许可基本条例》《国家公园管理局第 77-10 号局长令》《国家公园管理局惠益分享手册》规定了在自然状态下遗传资源的获取与惠益分享程序和具体实施规程。任何人或者组织在国家公园内进行遗传资源考察和采集，都应该得到国家公园管理局的批准，取得采集证或者与国家公园签订获取协议。采集证件禁止转让，采集到的资源必须事先到国家公园管理局批准方可转让。采集的资源只能用于科学研究，禁止商业化利用。若后续需要对研究成果进行商业化利用，则应与国家公园签订惠益分享协议，经国家公园管理局批准后实施。获取者定期向国家公园和国家公园管理局提交研究、商业化情况的报告，以便核查和监督。

（2）合同范本

国家公园管理局规定的获取许可或者协议包括科学研究和收集许可（Scientific Research and Collecting Permit）、《收集样本转让协议》（Collected Specimen Transfer Agreement，CSTA）、《材料转移协议》（Material Transfer Agreement，MTA）、《租赁协议》（Loan Agreement）。而惠益分享协议包括《合作研究与开发协议》（CRADA）、《总体协议》（General Agreement）、《合作协议》（Cooperative Agreement）、《拒绝分享惠益的协议》（Agreement to Decline Benefits Sharing）以及其他协议（Other Agreement Types）。其中，MTA 适用于收集样本，经研究人员实验室改造后形成的材料转移；CRADA 适用于某一国家公园被依法认定为“联邦实验室”，且国家公园管理局可以保留货币惠益的情形。本研究重点对 MTA 和 CRADA 的文本进行了分析。

➢ 《材料转移协议》

MTA 是一项经国家公园管理局授权改变材料保管的协议，可以授权给材料的现保管单位或者研究人员将部分材料转移给另一个单位。MTA 包含填写说明、协议正文和附件 3 个部分。协议正文由定义与标识和条款与条件 2 条条文组成。附件需明确列出对材料的研究计划。

➢ 《合作研究与开发协议》

CRADA 由保密要求、协议正文和附录 3 个部分组成。其中，保密要求明确了协议保密的法律依据，以及不得向第三方泄露协议内容等。协议正文由背景与目的，法律授权，定义，工作陈述，条款和条件，期限，工作协调，事先许可，产出与报告，成果发表，财产利用，修订、终止与争端，必要和标准条款 13 条条文组成。签名部分需要国家公园管理局下属具体提供资源的国家公园（联邦实验室）主管和使用者负责人签署，并依照规定的程序提交国家公园管理局区域主管、国家公园管理局副局长（分管自然资源管理与科学）审批。附录由货币惠益和非货币惠益组成，主要列明当事人自行商定的各型惠益。

（3）经验与启示

美国将未经人为改造、天然的遗传资源确定为联邦财产，联邦政府享有所有权，其获取与惠益分享需按照联邦和国家公园管理局的规定执行。同时，将遗传资源的获取和利用划分为先后衔接的两个阶段，即获取和商业化。每个阶段采用不同的、前后衔接的、相互贯通的合同范本。获取阶段使用许可或者授权如 MTA 等，约定采集活动或者科学研究活动；商业化阶段采用惠益分享协议如 CRADA 等，约定惠益分享安排。这种模式给予提供者和获取者最大的法律灵活性，也使得惠益分享更趋于公平、合理。此外，美国模式还有许多值得思考和借鉴的地方，如大量采用格式条款保障社会公益等。

三、中国相关合同范本现状与评价

1．法律现状

中国尚未制定遗传资源获取与惠益分享专门制度，因此尚未发布《名古屋议定书》要求的合同范本。然而《畜牧法》《种子法》《科技进步法》《畜禽遗传资源进出境和对外合作研究利用审批办法》《关于加强对外合作与交流中遗传资源利用与惠益分享管理的通知》等法律法规和政策能够为制定实施获取与惠益分享合同范本提供法律依据。

2．合同范本现状与问题

通过对中国科学院及其直属研究机构、国家自然科学基金委员会制定的遗传资源采集、转让、合作研究的相关合同范本和实务合同进行分析，发现了当前存在的问题，遗传资源所有权人及其权利缺乏有效表达、标的物缺乏一致和规范的表述、事先知情同意程序呈现片段化特征、惠益安排重私利逐短益、追踪与监测手段缺失、违约责任条款总体缺失和争端解决机制不完善等。

四、中国获取与惠益分享协议条款研究

通过对《波恩准则》和世界知识产权组织有关遗传资源合同范本的法律规制和实践，考虑到遗传资源获取与惠益分享协议的特殊性，2017 年，按照环境保护部起草的《遗传资源获取与惠益分享管理条例（草案）》（以下简称草案）立法思

路，以国家利益与个体利益相结合、整体利益与局部利益相结合、长期利益与近期利益相结合、事前同意与事中报告相结合为主要原则，探索出制定获取与惠益分享合同范本的可能路径和总体框架。

1．可能路径

（1）标的物

根据草案有关适用范围的规定，《遗传资源获取与惠益分享协议》标的物包括遗传资源和遗传资源相关传统知识。

（2）利益相关方

《遗传资源获取与惠益分享协议》的利益相关方包括协议主体即当事人和第三方受益人。

（3）当事人权利义务

提供者享有事先知情同意、惠益分享和名誉权等权利和权益。提供者需要承担提供资源的真实性和准确性的义务，努力促成协议得到国家有权机关批准的义务，以及对获取者提供的信息或者报告进行保密的义务。

获取者有权依法依规并按照约定的研究计划进行科学研究，有权按照约定的条件向第三方转让，有权按照约定的条件对研究成果进行发表、申请知识产权或者授权第三方实施相关知识产权，有权按照约定的条件进行商业化活动并取得生产和经营收益。获取者主要承担取得授权义务、如实报告义务、合规守法义务和惠益支付义务。

（4）争端解决机制

解决协议分歧的方式通常主要是协商、调解、仲裁和诉诸司法，同样适用于《遗传资源获取与惠益分享协议》。由于该协议具有涉外合同属性，还应对适用的法律和司法管辖权进行约定。

（5）其他条款

《遗传资源获取与惠益分享协议》的其他条款主要是报告与监督、违约与赔偿、免责、协议期限和终止、生效、取消等条文。

2．总体框架

以遗传资源价值链为导向，将中国遗传资源获取与惠益分享区分为获取阶段和商业化阶段。提供者和获取者在获取阶段签订《遗传资源获取协议》，在商业化阶段签订《遗传资源惠益分享协议》。两份协议具有联立合同性质，前后相继，相互贯通。

（1）《遗传资源获取协议》

《遗传资源获取协议》重点关注当事人在获取阶段的权利义务，主要包括以下条款：

- 当事人；
- 术语定义；
- 标的物；
- 获取目的；
- 第三方转让；
- 双方义务；
- 免责；
- 协议的终止；
- 争端解决；
- 适用的法律；
- 生效；
- 其他；
- 签署。

（2）《遗传资源惠益分享协议》

《遗传资源惠益分享协议》重点关注当事人在商业化阶段的权利义务，主要包括以下条款：

- 当事人；
- 协议的后续性；
- 术语定义；
- 商业计划；
- 基本条款与条件；
- 数据共享；
- 知识产权；
- 惠益安排；
- 报告；
- 第三方受益人；
- 保密义务；
- 修订、违约和终止；
- 免责；
- 争端解决；

- 适用的法律；
- 生效；
- 其他；
- 签署。

第四节　遗传资源获取与惠益分享信息共享制度研究[①]

建立全面且畅通的信息共享制度对于遗传资源监管和保护具有重大意义。进一步完善相关立法、建构具体制度框架及其运行机制，尤其是对遗传资源获取与惠益监管具有基础性价值的信息交换制度，是保障中国遗传资源安全、维护国家利益的重要举措。本节内容来自《遗传资源获取与惠益分享信息共享制度研究报告》（报告于 2021 年 7 月完成），该报告对遗传资源获取与惠益分享信息进行了研究，并结合国际、国内的形式进行了分析和评价，进而提出了遗传资源 ABS 信息共享关键制度的构建应包括的内容，以期为相关管理部门、科研工作者制定信息共享制度、开展信息共享研究工作提供技术支持和参考。

一、遗传资源获取与惠益分享信息交换机制国际经验

从制度内容与运行机制两个方面，对欧盟、印度、哥斯达黎加的信息交换制度及其机制运行案例开展研究，并对世界微生物数据中心生物资源数据监测、共享、流转等案例进行分析，可以发现：

- 《欧盟遗传资源获取与惠益分享条例》仅对遗传资源使用者的利用行为进行了规制，对获取遗传资源行为的管理由欧盟各成员国自行决定，惠益分享则由提供者和适用者自行以合同方式约定。
- 印度虽未指定检查点/站，尚未建立检查点/站机制，但现行诸多措施与遗传资源利用监测相关，只是在各有关机构之间的协调管理上需进一步加强。
- 哥斯达黎加国家生物多样性管理委员会的技术办公室发挥了关于遗传资源获取与惠益分享协调中心的职能。
- 世界微生物数据中心作为获取、跟踪、监测和共享遗传资源利用的全球综合信息平台，ABS 信息共享主要基于法律主体间达成的合作研究与开发协议。

由上述实践可见，遗传资源 ABS 信息共享的安排主要是通过利用合同或协

① 该节内容源于中国政法大学完成的《遗传资源获取与惠益分享信息共享制度研究报告》。

议的法律机制而获得实施，合同或协议是各国用以确保根据共同商定条件谈判货币和非货币惠益的主要机制[18]。此外，除印度外，以上地区和国家立法对于《公约》要求的“公平公正地分享”并未予以更明确和细致的解释。

从上述地区和国家关于 ABS 的立法中的规定亦可看出，获取申请是启动 ABS 信息共享程序的必要条件。上述立法无一例外均就此作出了规定。根据这些立法，申请者必须在申请文件中提供国家主管部门所要求的信息。一般而言，申请者应提供的信息包括关于申请者身份的信息，关于获取活动属性及目的的信息，关于申请获取的资源信息，关于获取次数、数量和方法的信息，关于获取发生地的信息，关于获取可能产生的风险信息，关于获取可能产生的惠益信息等。

从上述立法有关信息获取程序的规定来看，获取申请的审查所采取的形式不尽相同。例如，有些地区和国家立法通过在申请者与国家主管部门之间缔结获取合同的方式进行审查，有些地区和国家则通过公布申请和签订书面协议的方式进行审查。一般而言，对于信息共享程序的审查可以划分为两个主要的组成部分，一是公布获取申请，二是相关法律主体可对其进行知晓、达成共同商定的条件。

二、生物资源相关信息平台国内案例

中国与生物资源相关的信息平台有 2 个，分别为国家生物多样性信息交换所和国家菌种资源库（National Microbial Resource Center，NMRC）。中国建立了国家生物多样性信息交换所，从 1998 年开始试运行，以全面落实中国履行《公约》工作各项目标任务，深入推进中国生物多样性信息能力建设，统一整合国内各领域生物多样性信息，规范并加强对信息交流、共享、发布、更新的管理。国家菌种资源库的前身为国家微生物资源平台（National Infrastructure of Microbial Resources，NIMR），它不仅是国家创新体系的重要组成部分，更是服务于全社会科技进步与技术创新的基础支撑体系之一，负责实施微生物资源全面整理整合与高效共享战略，为从事微生物资源工作的单位或工作者提供服务的开放性、非营利性平台。以下从 4 个方面对生物多样性信息交换所和国家菌种资源库进行讨论。

1．采集信息的内容和范围

（1）生物多样性信息交换所

信息交换所采集信息的内容和范围具体包括：1）中国生物多样性保护和履行《公约》的成绩和主要行动、战略与行动计划系列更新情况、履约简报、相关会议概况、专题报告、国家履约办、履约协调组情况及历次国家报告等；2）《公约》

背景与历史、公约文本、缔约方大会情况、缔约方大会系列决议等；3）中国生物多样性一般概况及物种、生态系统、遗传多样性动态；4）自然保护区发展历程、发展规划、自然保护区动态、统计数据库等；5）传统知识、海洋与沿海生物多样性、合成生物学、惠益分享、生物多样性和气候变化、生态旅游、外来入侵物种等热点问题动态；6）信息交换所机制情况、国家法律法规、相关公约文本等。

（2）国家菌种资源库

国家菌种资源库整合了中国农业、林业、医学、药学、工业、兽医、海洋、基础研究、教学实验 9 大领域的模式菌种和具有重要应用价值或潜在应用价值的菌种资源。

2．数据收集和汇交机制

（1）生物多样性信息交换所

根据 2017 年年底中国提交至 ABS 信息交换所的《名古屋议定书》临时国家报告第 29 项，中国正在建立环境/生态信息系统，并将为此建立信息共享平台。未来还将建立生物资源和遗传资源次级信息系统，以整合来自国家和地方资源的相关信息，提高遗传资源进出境数据的采集效率，实现遗传资源进出境的快速、实时鉴定、审批和归档入库管理。

（2）国家菌种资源库

菌种库服务范围涵盖实物资源共享、菌种鉴定、菌种保藏、技术培训及服务等。其中实物资源的社会共享是菌种库的核心服务内容。

3．保密信息的认定标准和范围

法律法规等规范性文件中对遗传资源数据及相关信息的收集、存储、传输、处理、使用等活动进行了规定，包括涉及有关保密信息的规定。

4．信息交换平台建设运行与维护机制

（1）生物多样性信息交换所

国家生物多样性信息交换所设在原国家环境保护总局（现生态环境部），由中国履行《公约》工作协调组办公室进行管理，负责承担国内生物多样性信息整合发布和统一对外职能，以及组织指导覆盖国内各部门和地区的生物多样性国家信息网络建设工作。

（2）国家菌种资源库

国家菌种资源库以原国家科委指定相关部委设立的国家级专业菌种保藏中心

为基础，2002 年开始组建，2011 年成为科技部、财政部首批认定的 23 家国家科技基础条件平台之一，2019 年 6 月在科技部、财政部正式发布科技资源共享服务平台优化调整名单（国科发基〔2019〕194 号）时由国家微生物资源平台优化调整而来。

5．经验启示

通过研究生物多样性信息交换所和国家菌种资源库提供的有关信息和运维机制，完善中国生物资源相关信息平台可从以下方面展开：一是加强已有信息平台提供的相关生物资源信息及研究成果的管理，并根据生物资源分别处于获取、科研、开发、利用、商业化等不同阶段的特点，分别设置信息共享内容，确保信息共享内容的可操作性与灵活性；二是鼓励相关行业协会积极构建生物资源数据库，建构各数据库间的衔接机制和统一的信息系统，实现各平台间的有机结合；三是完善信息收集与汇交的程序性事项。例如，规定批准信息共享的合理时间、明确信息共享应提交的申请材料、信息收集用途的具体说明、信息共享审批与备案的形式要求等。

三、中国遗传资源获取与惠益分享信息共享管理法制现状与共享关键制度

1．现有政策及法律存在的问题

目前制度框架的重点仍在于对遗传资源获取活动进行管制，缺乏对遗传资源 ABS 信息共享的批准、条件、用途、模式、内容以及针对信息共享活动的监管等关键制度的关注，与中国的履约要求和遗传资源 ABS 管理的实际需求尚存差距。

2．遗传资源获取与惠益分享信息共享关键制度研究

遗传资源 ABS 信息共享关键制度的构建，可以从以下 6 个方面开展。

（1）立法模式与制度框架

- 关于立法模式。包括修改既有的法律法规和制定有关生物多样性保护的综合性法律，同时在该法律中纳入关于遗传资源的获取和惠益分享的法律规范。
- 关于适用范围。可分别从规制范围、适用主体、适用的活动和衔接机制展开论述。
- 关于法律适用活动。既包括学术性研究行为，也包括商业性的开发行为。
- 关于管理体制。应在国务院有关部门间建立一个跨部门的国家遗传资源

议事协调机制，同时，可以增设遗传资源专家委员会，作为 ABS 信息管理技术咨询机构。

（2）信息采集

- 国家应当制定共同商定条件下的部门或跨部门的示范性合同文本，并根据实际情况予以更新。同时，国家应对遗传资源获取与惠益分享信息共享合同进行审查。
- 对于信息采集的内容，在立法时应当注意把握利益分享的主体和惠益分享的形式两个关键问题。惠益应确保生物多样性的保护与可持续利用。

（3）数据收集和汇交机制

- 在完成遗传资源数据库本地调查基础之上，尽快创设维护遗传资源公共利益和相关专利的数据库。
- 应尽快启动遗传资源数据库搜集、整理、登记和归档标准的制定。
- 应同时通过行政许可和行政指令两种手段，规范、约束遗传资源搜集、整理、登记和归档行为。

（4）信息交换所衔接机制

- 应当设立《名古屋议定书》国家联络点，指定专人负责做好国际谈判和国内履约工作的组织协调。
- 应建立一批遗传资源 ABS 国家检查点，收集或接受有关遗传资源获取、利用和惠益分享相关资料，定期提交至遗传资源 ABS 国家联络点。
- 可通过制定专门的保藏机构，统一分类管理各类遗传资源。

（5）平台运维机制

针对中国遗传资源惠益分享信息共享平台的运行及维护，应从信息技术保障、制度保障、资金保障等方面予以构建。

- 遗传资源 ABS 信息共享要有统一的规划和统一的技术标准。
- 在开放信息资源共享时，必须同时推进相关制度保障措施的完善，明确相关的权责内容。
- 建立统一有效的管理机构，完善资金体系，实现信息共享的有偿制度规范化。

（6）保密信息范围

依照保密标准将遗传资源获取与惠益分享需采集的信息内容进行分类管理。具体而言，可将遗传资源 ABS 信息根据其价值属性和信息特性分为基础信息、研发信息和商业化信息。通过立法明确这 3 类信息的发布主体、内容和程序，进而实现对遗传资源惠益信息的类型化管理。

第五节 国家遗传资源惠益共享财税机制研究[①]

随着生物技术的发展，利用遗传资源和传统知识开发产品并获得巨大商业利润的案例不断增多，引起了广大发展中国家的重视，要求惠益分享的呼声不断高涨。与中国国情较为相似的印度、巴西、澳大利亚等遗传资源丰富的国家都已经通过了本国的财税机制。印度成立了生物多样性总局和邦生物多样性局，分别审批该领域国外、国内事务；巴西从出台暂行条例到正式颁布，经历了 10 余年的实践修改和完善，并专门成立了遗传资源管理委员会（CGEN）；澳大利亚除了国家层面立法建立财税机制外，也开展了地方性立法。本节参考《国家遗传资源惠益共享财税机制研究报告》（报告于 2018 年 9 月完成），该报告分析了遗传资源获取与惠益分享财税机制的可行性方案，探讨建立具有可操作性的遗传资源惠益分享模式，为遗传资源获取与惠益分享财税建立和模式选择提供借鉴与参考。

一、国际遗传资源惠益共享财税机制案例及经验

遗传资源获取与惠益分享的立法模式分为公法模式和私法模式。世界上已经有 50 多个国家和地区制定了遗传资源获取与惠益分享领域的专门立法，其中，遗传资源的私法模式以美国和欧盟为代表。大多数发展中国家普遍采用了公法模式。

1. 公法模式

（1）巴西遗传资源获取与惠益分享模式

巴西政府于 2001 年发布了《巴西保护生物多样性和遗传资源暂行条例》（以下简称《暂行条例》）。随后又对《暂行条例》进行了数十次修订，直到 2015 年由总统签署以宪法修正案的形式通过了《生物多样性保护法》。该法对有关概念和术语作了更为详细的区分和解释，并分别对遗传资源与传统知识的获取、审批、转让、惠益分享、行政处罚等内容作出了规定。为了更好地管理遗传资源，巴西还成立了“遗传资源委员会”（CGEN），并建立了“国家惠益分享基金”（FNRB）和“国家惠益分享项目”（PNRB），并通过国家惠益分享基金实施国家惠益分享

① 该节内容源于中国财政科学研究院陈少强老师完成的《国家遗传资源惠益共享财税机制研究报告》。

项目。惠益包括货币和非货币惠益两种形式。当选择货币为惠益分享模式时，对获取遗传资源产生的成品或繁殖材料的经济开发，则应支付经济开发所获得年纯收入的 1%。但是，为了确保相关领域的竞争力，联邦政府可以应申请人的请求，签订行业协议，对于获取无法确定来源的遗传资源或相关传统知识生成的成品或繁殖材料经济开发所获得的利益，其惠益分享比例可降到年纯收入的 0.1%。

（2）印度遗传资源获取与惠益分享模式

印度政府于 2003 年颁布了《生物多样性法》，该法对生物多样性的获取加强了管制制约；2004 年又颁布了《生物多样性条例》。《生物多样性法》（2003）及《生物多样性条例》（2004）明确规定了国家对其生物资源及其相关传统知识的主权、保护原则、主管部门和管理体系、获取和惠益分享等问题。2014 年，印度又制定发布了《生物资源及相关传统知识获取规则指南》，对生物考察和利用、商业开发的惠益形式与比例、成果转化程序与惠益分享方式、知识产权获取程序与惠益分享形式、第三方转让为研究或商业利用、豁免审批情况等都作出了明确详细的规定。此外，印度还制定了《印度政府所属科研机构与其他国家科研机构涉及转移、交换生物资源及信息国际协作研究项目指南》（2006）、《生物多样性遗址选取与管理指南》（2011）、《人民生物多样性注册指南》（2013 年第二版）、《生物多样性管理委员会运作指南》（2013）等技术文件。印度上述法律、条例及指南的制定与实施对世界上其他国家在生物资源和相关传统知识获取管理制度的制定带来了积极影响。

根据法律，外国法人要获取印度任何形式的生物资源或相关传统知识，无论出于研究或商业目的，都必须遵守事先知情同意机制的规定，事先向印度国家生物多样性总局（NBA）提出书面申请，并缴纳规定的相关费用。

印度的管理体制是以国家生物多样性总局、邦生物多样性管理局为主，以各区域生物多样性管理委员会为辅。专家委员会作为国家生物多样性总局的辅助机构，为总局提供专业性意见和建议。印度对商业利用的惠益形式与比例有着明确的分类和相应的定义，对未事先商定情况、事先商定情况、预先支付、采集费有明确规定。一般来说，惠益比例高于 1%，有的甚至要求不得低于 5%。

2．私法模式

（1）美国黄石国家公园—迪沃萨公司合同安排

1997 年 8 月，美国黄石国家公园与迪沃萨公司达成了《黄石国家公园与迪沃萨公司之间项目的合作研究和开发协议》（以下简称《合作研究和开发协议》），该协议对黄石国家公园内温泉生物勘探及惠益分享进行了规定。《合作研究和开发协议》是涉及美国国家公园的第一个生物勘探惠益分享协议。在具体的惠益分享方面规定，迪沃萨公司在5年内向黄石国家公园支付10万美元的首期付费，每年付款额为2万美元；迪沃萨公司每年向黄石国家公园支付额外的已赚得的使用费，该使用费的数额以迪沃萨公司从黄石国家公园有关的研究成果中所获得的收入的一定比例为基础；迪沃萨公司向黄石国家公园提供以补充性的非货币支付的资源和服务。例如，实验室设备、科技培训和其他的研究及与保护有关的活动。黄石国家公园与迪沃萨公司的协议遭到了很多非政府组织的反对，纷纷向国家公园署提出诉讼。

（2）欧盟及其成员国的私法管制模式及典型合同安排

欧盟是遗传资源的重要开发利用者，所不同的是欧洲是生物多样性比较丰富的地区，拥有众多农业收集中心、微生物培养物收集中心等。这些收集中心不仅关注遗传资源的开发利用和技术转让，还肩负着保护繁殖濒危动植物的责任。欧盟一直是将遗传资源用于研究和产品开发的重要利用者。欧盟的生物技术产业是其经济发展的重要支柱。虽然欧盟是美国的首要竞争对手，但其生物技术及该产业的发展水平远不及美国。因此，欧盟缺少美国那样大规模的成熟研发公司，主要依靠公共投资加大对生物技术产业的扶持力度。

2011年10月，欧洲议会决定在批准《名古屋议定书》之前修改相关立法。2014年4月16日，欧洲议会和欧盟理事会通过了《遗传资源获取与惠益分享条例》（简称条例）。而在此之前，欧盟内只有极少数的政策和法律措施与ABS直接相关，且没有调整ABS的综合性立法。条例的规定将优于各成员国关于ABS的规定。该条例为成员国提供了管理准则，有相当一部分内容需要由各成员国的国内法进行补充和细化。条例仅对遗传资源使用者的“利用”进行了管制，对获取行为的管理准则由欧盟各成员国自行决定，惠益分享则由提供者和使用者自行以合同方式约定。

二、各国遗传资源惠益共享财税机制实现的路径比较

当前各国遗传资源惠益共享财税机制主要有4种，分别为税收模式、政府性收费模式、政府性基金模式和国有资产有偿使用模式。

1. 税收模式

税收收入是国家凭借其政治权利，以实现国家公共财政职能为目的，按照预定标准，向纳税人强制征收的收入。其具有强制性、无偿性和固定性等特点，生

物遗传惠益共享机制采取税收的方式，将会对资源的提供方和获取方具有很好的法律约束力，在实施过程中可以明确捋清各自的职责和义务，惠益的共享部分可直接纳入国家预算，作为对财政收入必要而有效的补充。

（1）优势

➢ 立法层级高，法律效力强；

➢ 税收征管模式创新，可操作性更强。

（2）劣势

➢ 立法成本较高；

➢ 税收的合理性较弱。

（3）发展趋势

从发展趋势上看，按照党中央审议通过的《贯彻落实税收法定原则的实施意见》的要求，新开征税种一律由法律进行规范。力争在2019年完成全部立法程序，2020年完成落实税收法定原则的改革任务。

2．政府性收费模式

政府性收费是政府为提供特定社会产品和服务，参与国民收入分配和再分配的一种形式，包括行政事业性收费。行政事业性收费，是指国家机关、事业单位、代行政府职能的社会团体及其他组织根据法律法规等相关规定，在实施社会公共管理，以及向公民、法人提供特定公共服务的过程中收取的费用。

行政事业性收费的前提是公法机构为特定对象提供了具体的公共服务，收取费用是为了合理补偿管理或服务成本。以遗传资源为例，其缴费义务人是遗传资源的使用方，收费标准以弥补成本为原则。

（1）优势

➢ 征收具有灵活性；

➢ 资金管理方式上专款专用；

➢ 与政府事权的不断扩大相适应。

（2）劣势

➢ 法律效力低；

➢ 管理方式不成熟。

（3）发展趋势

根据《2018年财政部立法工作安排》的文件精神，国家应对政府非税收入管理条例进行立法研究，并加快非税收立法进程。将继续深化清理收费改革，推进费改税。在规范管理、严格监督的前提下，适当下放部分非税收入管理权限。

3．政府性基金模式

政府性基金是指各级政府及其所属部门根据法律、行政法规和中共中央、国务院有关文件规定，为支持某项公共事业发展，向公民、法人和其他组织无偿征收的具有专项用途的财政资金。包括各种基金、资金、附加和专项收费。政府性基金设立的依据是应对经济环境不断变化，适合经济社会需求，保障政府收入。

由于关系到公民、法人和其他组织的财产权，所以对政府性基金的立项和审批十分慎重。

（1）优势

➢ 征收依据较宽松；

➢ 合理性较强。

（2）劣势

➢ 基金立法层次较低、公信力不足；

➢ 定价机制不完善。

（3）发展趋势

国家将进一步强化政府性基金预算、国有资本经营预算、社会保险基金预算与一般公共预算的统筹衔接，严控政府性基金项目的设立，加大国有资本经营预算调入一般公共预算力度，加快推进统一预算分配权。为加强对政府性基金的管理，财政部每年都向社会公布政府性基金项目目录，接受社会监督。以2014年为例，全国共有各类政府性基金45项，其中，中央30项，地方30项。下一步，财政部将按照“正税清费”的原则，清理到期的基金项目，结合资源税改革，研究用资源税取代或吸收相关基金项目，依法从严审批设立新的基金项目，严格控制基金规模。

政府性基金中具有价格性质的部分，该部分所占资金比重较大，社会关注度相对较高。表面上，这类政府性基金是加价收入，实质上是在国家层面重大基础设施建设项目中的成本补偿问题，对于遗传资源惠益共享问题，就是资源获取方对国家的货币补偿。

4．国有资源有偿使用模式

国有资源是国民经济与社会发展的物质基础，实行有偿使用，推行“使用者付费”制度，是市场经济国家通行的做法。2004年，财政部《关于加强政府非税收入管理的通知》（财综〔2004〕53号，以下简称《通知》）明确指出，国有资产资源有偿使用收入属于政府非税收入的管理范围，是政府财政收入的重要组成部分。作为与税收并存的财政分配工具，国有资源有偿使用收入模式具有弥补市场缺陷、提供公共产品、调节经济运行等作用。它的基本特征是政府提供国有资源，有偿向特定对象收取费用，具有明确的服务——收费的对称性。

国有资源有偿使用收入模式是政府在提供局部收益的公共物品或准公共物品、规范具有负外部效应的社会行为、代行管理国有资源资产等履行经济社会管理职能的过程中取得的收入。

（1）优势

- 符合受益公平原则；
- 有利于提高国有资源使用效率；
- 有效纠正负外部性。

（2）劣势

目前，国有资源有偿使用制度不够健全，市场化配置程度不高，一些国有资源被无偿或低价占有和使用，价值未得到合理体现，收益分配机制仍不规范。

5. 分析比较得出结论

综合比较分析这 4 种财税机制的模式，认为政府性基金更符合国家遗传资源惠益共享的模式。

第一，政府性基金介于税收与行政事业性收费之间，其征收依据比税收宽松，比行政事业性收费严格。它的征收依据具备法律效力。

第二，政府性基金立法成本较低，要求按照国务院规定统一报财政部审批，或由财政部报国务院审批。具体征收内容（如缴费义务人、征收对象、征收比率、征收期限等）可以由遗传资源惠益共享机制涉及的相关部委或地方政府申请，制订方案后报财政部，再报国务院审批，需要全国统一征收的则由国务院制定行政法规。

第三，遗传资源属于国家所有，获取方在有偿使用过程中，政府作为所有者，必然可以获得与其所有者权益相适应的收益，而这些收入是非税收入的主体，具有合理性。

第四，政府性基金的管理方式采取的是“列收列支”的方式，即由相关部门负责征收、使用和管理，对于遗传资源这种特殊的征收对象具有管理上的专业优势。可以将共享收益用于遗传资源的保护。

表 2-10　遗传资源惠益共享的财税机制比较

	征收依据	优势	劣势
税　收	以国务院制定的税收行政法规为主，除部分税种，其余均授权国务院，以行政法规的形式颁布	1. 立法层级高，法律效力强 2. 税收征管模式创新，可操作性更强	1. 立法成本较高 2. 合理性较弱
政府性收费	按照国务院和省、自治区、直辖市人民政府及其财政、价格主管部门的规定设立和征收	1. 征收具有灵活性 2. 管理方式上专款专用 3. 与政府事权的不断扩大相适应	1. 法律效力低 2. 管理方式不成熟
政府性基金	法律、行政法规和中共中央、国务院文件	1. 征收依据较宽松 2. 合理性较强	1. 基金立法层次较低 2. 公信力不足 3. 定价机制不完善
国有资源有偿使用收入	按照国务院和省级人民政府及其财政部门的规定设立和征收	1. 符合受益公平原则 2. 提高国有资源使用效率 3. 有效纠正负外部性	制度不够健全

三、国家遗传资源惠益共享财税机制的制度设计

中国遗传资源惠益贡献财税机制建设工作已经具备了一定基础，但仍然存在征收依据不明确、征收对象不明确、征收标准不明确和惠益共享的依据缺失等问题。为让利益相关方就建立共享机制达成最大限度的共识，为国家遗传资源惠益共享的财税机制模式方案编制工作提供参考，特提出国家主导模式的遗传资源惠益共享财税机制。具体如下：

1．确定政府性基金的申请文件

征收政府性基金的申请文件应当包括政府性基金项目名称、征收目的和依据、征收机构、征收对象、征收范围、征收标准、征收方式、资金用途、使用票据、使用单位、执行期限等，并说明有关理由。同时，还应当提交有关征收政府性基金的法律、行政法规和中共中央、国务院文件依据，以及国务院或财政部认为应当提交的其他相关数据和资料。

2．政府性基金的管理

各级人民政府财政部门以及政府性基金征收、使用部门和单位按照法律法规的权限，分别负责政府性基金的征收、使用、管理和监督。

3．惠益实行国库集中收缴制度

各级财政部门自行征收此项政府性基金，也可委托其他机构代征。委托其他机构代征政府性基金的，其代征费用由统计财政部门通过预算予以安排。

4．惠益的收支纳入政府性基金预算管理

预算编制要遵循“以收定支、专款专用、收支平衡、结余结转下年安排使用”的原则。支出根据政府性基金收入情况安排，自求平衡，不编制赤字预算。各项政府性基金按照规定用途安排，不得挪作他用。

5．惠益的分配

惠益分配是指中央和地方的分成比例，惠益上缴以政府性基金的方式上缴国库，并纳入国家预算管理，要根据有关政策，按比例将共享惠益上交给国家部门，部分惠益上交资源提供涉及地方部门或个人。

鉴于中国的遗传资源惠益共享机制尚在萌芽阶段，且随政府和社会资本合作机制（PPP）的推广使用，未来更多的遗传资源涉及获取后的惠益分享，与公共定价密切相关。因此，可针对部分遗传资源采取 PPP 的模式进行探索，在政府和私人之间搭建起合作的桥梁，对遗传资源的惠益进行市场化的资源与收益共享。

第六节　遗传资源相关传统知识管理制度研究[①]

遗传资源相关传统知识是特定土著和当地社区、原住居民对特定遗传资源资源、自然环境、生态系统所作出的文化、精神上的一种认知、论断和回应。它因特有的文化意涵、精神机制、物质利益而逐渐被现代社会所熟悉和关注。随着“生物剽窃”、不当滥用等现象的出现及加剧，遗传资源相关传统知识保护问题也引起各国际论坛、国际组织的关注，并持续创设相应的国际法律规则、规范。若干发展中国家、地区也为了遗传资源相关传统知识涉及的国家利益、土著居民权益持续进行国内政策、法制和案例实践。中国是遗传资源相关传统知识极其丰富的发展中国家之一，具备现实意义的提供国和潜在意义的获取国的双重身份，同时亦是《公约》《名古屋议定书》缔约方，面临相当紧迫的履约压力。本节内容来自《遗传资源相关传统知识管理制度研究报告》（报告于 2020 年 6 月完成）和《遗传资源相关传统知识集体管理制度研究报告》（报告于 2020 年 6 月完成），这 2 个报告全面梳理了以 WIPO-IGC 为代表的国际组织有关传统知识最新讨论内容和国内理论界最近研究成果，并详细总结了印度（在遗传资源相关传统知识集体管理制度方面工作进展更快）、韩国（遗传资源及其相关传统知识体系建设）的做法和经验，围绕遗传资源相关传统知识的实质，从宏观立法层面和微观制度层面对中国遗传资源相关传统知识获取管制体系完善提出意见和建议，并编制了《遗传资源相关传统知识集体管理制度文本》（见附件 1）。

一、中国遗传资源相关传统知识方面研究和立法现状

1．研究现状

中国最早关注传统知识议题的学者来自知识产权领域，朱雪忠教授于 2004 年在《华中师范大学学报》（人文社会科学版）第三期发表题为《传统知识法律保护初探》一文，普遍被认为是国内最早关注传统知识的法学文献。除此之外，薛达元教授于 2006 年在《环境保护》第二十四期发表题为《〈生物多样性公约〉新热

① 该节内容源于贵州大学完成的《遗传资源相关传统知识管理制度研究报告》和贵州省地理标志协会与北京东巴文化艺术发展促进会共同完成的《遗传资源相关传统知识集体管理制度研究报告》。

点：传统知识保护》一文，从生态学、环境科学视角对传统知识议题进行了剖析。该文献属于传统知识议题基础性、概览性的研究成果，从侧面证实传统知识议题具有学科范围广、交叉属性强、涉入门槛高等属性。

传统知识议题的讨论主要在法学（知识产权法）和生态学两个学科背景下相继开展，法学（主要是环境与资源保护法学）学者对于该议题的关注也逐渐增多，如秦天宝教授于2005年出版的《遗传资源获取和惠益分享的法律问题研究》一书，通过专章讨论传统知识法律保护问题，从环境法学角度填补传统知识法律保护的研究空白。而知识产权学界对传统知识概念的讨论并无太多创新，多数属于国际法律文件的引入和介绍；知识产权学界专门讨论传统知识概念的文献也屈指可数，在一定程度上反映了传统知识概念研究的复杂性和国内研究主体认知的局限性。周方教授于2005年在《情报杂志》第十二期发表的《传统知识的法律界定》第三部分关于传统知识特征的讨论与WIPO-IGC列次研讨会所逐渐达成的共识并无二致；严永和教授于2005年出版的《论传统知识的知识产权保护》一书从学理和法律两个视角对传统知识特征进行了更全面的讨论。

在此之后，中国学术界关于传统知识概念的讨论遂陷入沉寂，直到薛达元教授于2009年在《生物多样性》发表《论传统知识的概念与保护》一文而引发新的关注。该论文认为，中国传统知识具有传统利用农业生物及遗传资源知识、传统利用药用生物资源知识、生物资源利用的传统技术创新与传统生产生活方式、与生物资源保护与利用相关传统文化习俗、传统地理标志产品五大类，初步提炼了中国传统知识可能存在的样态，这也极大程度地推进了中国传统知识的调查、整理、编目和保护工作。薛达元教授的成果也直接反映在原环境保护部颁布的《生物多样性相关传统知识分类、调查与编目技术规定》部颁标准之中，这是中国首部生物多样性相关传统知识环境标准。

2．立法现状

中国现有遗传资源相关传统知识方面立法主要包括《非物质文化遗产法》（2011）、《中医药法》（2017）、《专利法》（1984年通过，2008年第三次修正）等，不仅在数量上乏善可陈，在立法质量上也略显简单粗糙，无法满足法制实践需要；除了立法创制和完善以外，还应当新设若干制度如中医药传统知识专门权利制度、获取和惠益分享机制（包括事先知情同意制度、共同商定制度等）、遗传资源相关传统知识注册制度、自然保护地原住居民传统资源权制度、尊重习俗制度等。

中国遗传资源相关传统知识管理制度框架形成了遗传资源相关传统知识注册制度为前提、中医药传统知识专门权利制度为核心、获取和惠益分享机制为抓手、尊重习俗制度为补充、自然保护地原住居民传统资源权为侧翼的架构。

二、国外遗传资源相关传统知识国家管制实践案例

1．印度传统知识保护技术体系

印度是世界上 12 个生物多样性大国之一，分布着全世界 7.8%的已记录物种，印度迄今对 65%～75%的区域进行过物种调查，收集并记录了 47 000 多种植物和 81 000 多种动物[19]。据估计，一些尚未系统性开展生物多样性调查的区域如喜马拉雅山区、安达曼—尼科巴群岛的物种资源更加丰富。印度是全球 12 个栽培作物起源中心之一，也是世界四大文明古国之一，农业生物多样性十分丰富，文献化和非文献化的传统知识或土著知识也都十分丰富，在《公约》和《名古屋议定书》缔约方中发挥着重要作用。

印度各界充分认识到生物多样性的价值，认为有必要立法管制生物多样性的利用和价值分配，于是在 2000 年议会预算中正式立项。该项立法的基本关切在于外国人获取、收集和利用印度的生物资源，以及相关惠益的分享[20]。为此，成立国家生物多样性总局，审批外国人的获取申请，确保公平分享相关惠益。

（1）印度实施传统知识保护的技术措施

生物资源相关传统知识的保护不能完全直接套用现行知识产权制度（如专利、版权、商标等）[21]。由于知识产权制度的理论出发点是保护私人财产权利[22]，因此本质上不能适用先行知识产权制度。例如传统知识是历史形成的，并不断地以口头或文传形式更新、积累和传承，显然不符合专利申请条件如创新性和非显而易见性；另外，社区往往是传统知识的持有者，即传统知识属于集体所有[23]。因此，印度主要采用两种技术手段保护本国传统知识，即：①传统知识数字图书馆；②社区生物多样性登记。

➢ 传统知识数字图书馆

以专利审查员容易理解的著录语言和格式，对传统知识进行文献化整理，可以在专利申请和审查阶段作为查证生物海盗行为的辅助手段。文献化的传统知识被视为一种在先技术，专利检查员能够在审查专利申请时进行检索，作为驳回或撤销某项专利的依据[24]。文献化也有助于土著社区追踪其传统知识的流向以及主张分享惠益。同时，文献化也引发了助长生物海盗行为的担忧。土著社区的传统知识常以秘密形式持有，类似于商业秘密，一旦文献化，就易于获取或被盗用。这种进退维谷的困境也一直是国际、国内有关惠益分享的争论议题。学者建议通

过法律授权土著社区继续以秘密形式持有其传统知识。无论争议如何激烈，文献化的优势十分明显，即为专利审查员提供在先技术手段，防止申请者利用公共领域的传统知识申请专利。

因此，印度优先把公共领域的草药传统知识数字化。1999 年，印度医药健康部成立特别工作组，由印度国家科学交流和信息资源研究院承担起草传统知识数字图书馆建设可行性研究[25]。2001 年 1 月，印度经济事务内阁委员会批准了该项目，科学产业研究理事会（CSIR）、科技部、健康与家庭事务部、工商部共同合作开发[26]。

传统知识数字图书馆整合了阿育吠陀（Ayurveda）、尤那尼（Unani）、悉达（Siddka）、瑜伽（Yoga）和自然疗法（Naturopathy）等印度传统医药学体系，数字化所有印度传统医学古籍。截至 2003 年，传统知识数字图书馆已经把阿育吠陀 36 000 付配方全部数字化。紧随其后，2004 年启动阿育吠陀二期和尤那尼数字化工作，2005 年启动悉达医学数字化工作，2008 年启动瑜伽数字化工作。迄今，传统知识数字图书馆已经数字化的典籍包括阿育吠陀 75 部、尤那尼 10 部、悉达 50 部、瑜伽 15 部，共计 150 部典籍，近 30 万条配方信息，均以英语、法语、德语、西班牙语、日语 5 种语言翻译著录，供全球专利审查员检索查询。

传统知识数字图书馆的框架内容主要包括印度传统知识遭遇生物海盗的情况，印度传统医药学概念与问题，数字图书馆的定义和概览，内容、标识和细节，术语，检索，传统知识资源分类（TKRC）检索。传统知识以词条形式呈现，内容主要包括词条名称、TKRC 代码、国际专利分类代码（IPC）、知识诞生时间、配方信息（组分、剂量、炮制方法、剂型）、给药方式、功效、参考文献等。

传统知识资源分类是数字图书馆的核心和亮点，由印度基于国际专利分类框架开发而成，具有系统管理、便于传播和检索等优点，囊括了印度所有传统医药学，即阿育吠陀、尤那尼、悉达和瑜伽。该体系在国际上得到普遍承认，并与世界知识产权组织国际专利分类系统（IPC）相关联。传统知识资源分类体系主要分为 A 阿育吠陀、B 尤那尼、C 悉达、Y 瑜伽。A 部阿育吠陀又分成 4 类（Classes），即 01 药品制剂、02 个人保健制剂、03 食物疗法（食品/食品材料或饮料）、04 杀虫剂/薰香。A01 再被分成 7 个亚类，即 A 植物药、B 动物药、C 矿物药、D 以疾病为特征、E 以活性为特征、F 给药方式、G 其他。A01A 亚类即表示植物药制剂。A01A-1/00 组即代表 A01A 亚类下所有植物药。其他亚类也有相应的组和亚组代码。尤那尼、悉达、瑜伽等部与此类同。传统知识资源分类体系目前约有 25 000 个亚组，是基于国际专利分类的一个代码即 A61K35/78（草药）发展起来的。2003 年，国际专利分类联盟第 32 次专家委员会引入一个新的代码即 A61K36，把草药的分类又扩展了大约 200 个亚组。例如，毛茛科药用植物 Nigella sativa 在传统知识资源分类体系中的代码是 A01A-1/326，而毛茛科在国际专利分类系统中属于 A61K36/71 亚组。因此，A01A-1/326 和 A61K36/71 相关联后，Nigella sativa 就能通过这 2 个代码被检索到。

2006 年，国际专利局首先获得传统知识数字图书馆的使用许可。2009 年以后，科学产业研究理事会先后和欧洲专利局（2012 年修订）、美国专利商标局、印度专利局（2012 年修订）、德国专利商标局（2012 年修订）、联合王国知识产权局（2014 年修订）、加拿大知识产权局（2012 年修订）、澳大利亚知识产权局（2014 年修订）、日本专利局（2014 年修订）、智利专利局等签订传统知识数字图书馆授权使用协议。自 2009 年 7 月欧洲专利局利用传统知识数字图书馆作出第一件判例以来，截至 2021 年 7 月，前述 9 国知识产权部门拒绝、撤销、宣告无效或修改并重审与印度传统知识相关的专利申请共计 241 件。值得注意的是，其中有 9 件专利的申请人是中国公民或法人（表 2-11）。

表 2-11　中国公司参与的印度传统知识专利申请

时间	申请人	专利号	专利名称	审理结果
2009 年 11 月	骏神生物医学（上海）有限公司	EP1889638	含有鹰嘴豆提取物的治疗或预防肥胖和/或糖尿病的药物和食品	撤销
2010 年 7 月	丽珠医药集团股份有限公司	EP1849473	治疗禽流感的中药组方及其制备与使用方法	修改
2011 年 4 月	台湾省林振兴（Chin-Hsiung Lin）	EP1880719	尿路系统感染预防和治疗组方及其制备	修改
2013 年 4 月	江苏康缘药业股份有限公司	182/MUMNP/2009	肉桂、茯苓组方及其用途	修改
2013 年 6 月	台湾健康生命科学股份有限公司	EP1781235	红球姜的抗过敏性发炎和抗过敏活性	修改
2013 年 12 月	重庆生态药物研究所	EP2089044	抗肥胖产品及其制备方法	撤销
2013 年 12 月	台湾台中荣民总医院	20130095171	治疗气道炎症的草药配方及方法	修改
2014 年 5 月	台湾萧新仁（Shin-Jen Shiao）	CA2574518	由食用羧酸及其酸性盐和咖啡因组成的药剂配方和非依赖性咖啡	宣告无效
2015 年 6 月	加尔各答：M/s S. MAJUMDAR & CO	1927/KOLNP/2010	一种治疗焦虑症的药物组合物	宣告无效

传统知识文献化是对知识持有者进行认可的一种手段。但仅文献化是不足以公平公正地分享惠益的，还需要保护机制的支撑。传统知识文献化仅是防御性手段，即防止在先技术被授予专利。文献化本身并不会使传统知识持有者得到惠益。

➢ 社区生物多样性登记

印度一些邦正在进行以村为单位的社区生物多样性登记（Community Biodiversity Registers）。喀拉拉邦制订行动计划，以“人民生物多样性登记”（People’s Biodiversity Registers）的形式积极推动生物多样性相关传统知识的记录，已经在埃尔讷古勒姆县进行了示范。喀拉拉邦森林研究所和热带植物园分别启动了 2 个村级登记示范项目，在此基础上还和卡尼（Kani）部落达成了一项传统医药知识开发的惠益分享安排[27]。

卡纳塔克邦的人民生物多样性登记最初由 NGO 组织发起。1996 年，邦行动计划委员会的专家建议通过《卡纳塔克生物多样性保护令》，设立邦及邦以下各级生物多样性委员会，赋予各级委员会进行人民生物多样性登记的职责。

印度科学研究所生态中心（班加罗尔）也是生物多样性登记的先行者之一。1998 年上半年，该中心为 10 个邦建立了 75 个植物多样性登记[28]。生态中心在卡纳塔克邦的生物多样性登记项目涉及生物多样性各个层面，以及村民个人、家户、民族和多民族群体的知识和认知。生物多样性保护优先项目（BCPP）将构建西高止生物多样性网络，已在西高止山区 4 个邦 10 个村，开展了人民生物多样性登记活动。生物多样性保护优先项目——人民生物多样性登记的地理范围涉及 7 个邦 56 个村。其他组织也正在印度多个地方开展人民生物多样性登记。

Gene Campaign 分别记录了比哈尔邦南部的穆纳人、中央邦的比尔人、Terai 地区的塔鲁人 3 个部落的生物多样性和相关传统知识。该 NGO 在当地知识青年的帮助下，采访村中年长者和草医，收集和记录药用植物及相关传统知识。

科学、技术和生态学研究基金会（RFSTE）在 1999 年年初发起了名为 Jaiv Panchayat 的行动，明确当地社区的生物多样性资源权利。RFSTE 和 Navdanya 的工作人员从当地社区招募自愿者，构建非正式的社区制度 Jaiv Panchayat。Jaiv Panchayat 成员负责调查和记录生物资源及其用途的信息，构建社区生物多样性登记。1999 年 6 月 5 日，北方邦加瓦尔县的 Agasthyamuni 村率先完成了社区生物多样性登记。据 RFSTE 估计，印度已经在 292 个社区开展了 Jaiv Panchayat 行动。

可持续技术与机制研究倡议协会（SRISTI，艾哈迈达巴德）创立于 1993 年，其目标在于系统记录和传播草根绿色创新，为其提供知识产权保护和风险融资，提高其附加值。协会为提高草根阶层的传统知识及其创新成果的附加值，发起了成立蜜蜂数据库（Honey Bee Database），联合印度其他 7 个非政府组织开展草根传统知识和创新成果登记，构建以传统知识增值为核心的蜜蜂网络（Honey Bee Network），便利信息交流，促进传统知识增值并使其持有者直接受益。蜜蜂数据库包括药用植物数据库（Medicinal Plant Database）以植物为主，记录了植物的梵文名、英文名、拉丁名、印度常见名、异名、科名、植物特征描述、生境、分布区、全球分布区、药用部位、功效（含持有者信息）、兽药用途、农业用途、其他用途、化学成分、凭证标本号、参考文献。

（2）印度传统知识保护的经验和启示

传统知识数字图书馆和社区登记是印度生物多样性相关法律法规的强制性规定。2002 年《生物多样性法》第 36 条第 5 款授权中央政府，根据国家生物多样性总局的建议……在地方、邦或国家层面开展传统知识登记。第 41 条授权邦以下各地方机构……组建生物多样性管理委员会，保护地方品种及其生境，以及编纂传统知识。2004 年《生物多样性条例》第 12 条进一步明确了国家生物多样性总局的职责：“通过生物多样性登记和电子数据库等方式建立生物资源及相关传统知识的数据库和信息与档案系统”。第 22 条赋予每个地方政府组建生物多样性管理委员会的职责，并规定生物多样性管理委员会的主要职能是与当地人协商编制“人民生物多样性登记”（包括当地生物资源的现状和知识、其医药或任何其他用途、或任何与之相关的传统知识等方面的信息）。国家生物多样性总局负责制定了人民生物多样性登记的形式，特别是它应包含的内容和电子数据库的格式。人民生物多样性登记由生物多样性管理委员会负责维护和运转。在印度，传统知识图书馆和社区登记显然肇始于对传统知识丧失的担忧，起步于法律法规制定前取得的成功经验，为法律法规的制定和顺利实施奠定了实践基础。中国传统知识的数字化和社区登记的实践基础虽然不及印度，但一些科研教育、文献保藏、民间组织和个人已经开展了很多工作，对传统知识保存和传承具有积极意义。中国《非物质文化遗产法》第 3 条、第 12 条对非物质文化遗产的认定、记录、建档保存措施作出了规定，虽然记录和建档的对象仅仅是县级以上人民政府认定的非物质文化遗产，并不能涵盖所有生物多样性相关传统知识，但可视为国家对传统知识（或非物质文化遗产）进行登记的法定要求。因此，中国开展传统知识数字图书馆和社区登记仍然具有一定的实践和法制基础。

传统知识数字图书馆和社区登记实行以政府机构为主体的举国体制。政府部门及其科研机构瞄准公共领域的草药知识，优先把印度传统知识医药知识主体——阿育吠陀——数字化，逐步扩展至其他传统医药体系，形成了日趋完善的传统知识数字图书馆，有效地防御了知识产权领域的不当授权。国家意志和国家行为在传统知识数字图书馆的构建和运行中起到了决定性的作用。社区登记启动的时间早于传统知识数字图书馆，NGO、非营利性研究组织是人民生物多样性登记的早期发起者，随后具有政府背景的研究机构、公益性基金会等逐渐介入，也在各邦启动社区级的人民生物多样性登记。随着《生物多样性法》和《生物多样性条例》的实施，社区登记正式成为国家生物多样性总局和生物多样性管理委员会的法定职责，其中登记形式和内容由国家生物多样性总局负责制定和发布实施。值得注意的是，印度法律法规在赋予政府登记职权时，并没有否定各种民间团体和组织的登记实践。换言之，各民间团体和组织仍然可以开展人民生物多样性登记。印度的社区登记已经形成了以政府机构为主体，以民间团体和组织为补充的实践格局。综观中国卷帙浩繁的传统知识（特别是中医药和民族医药文献），估测其数字化所需人力、物力、财力非上升至国家意志和国家行为而不能完成。中国民族众多，每个社区皆有传统知识，社区登记也必然是一项浩大工程。《非物质文化遗产法》把进行非物质文化遗产“调查”“认定”“记录”“建档”的职权赋予了文化主管部门和其他有关主管部门，而对公民、法人和其他组织如何依法进行非物质文化遗产调查却不甚明了。鉴于印度的成功经验，中国传统知识的社区登记应予以效仿。

传统知识数字图书馆和社区登记明确以用途为导向的构建方针。印度传统知识数字图书馆和社区登记的目标极其明确，即构建在先技术手段、促进惠益分享。尽管数字化的传统知识有助长生物海盗之嫌，但其作为一种在先技术手段防止知识产权不当授予的优势也十分明显。传统知识数字化和社区登记不仅记录知识本身，同时也把知识及其持有者相互联系，在一定程度上为确定惠益分享主体提供了线索。实质上，传统知识数字图书馆和社区登记的用途远不止防止生物海盗。科学知识和传统知识同属认识论范畴，分属不同体系或分支。在西方知识或科学知识的强势侵蚀下，传统知识处境堪舆。科学知识日趋蓬勃，而传统知识却面临传承断代的窘境。传统知识数字化和社区登记凭借科学知识中的技术手段，能够把传统知识电子化、信息化、集成管理，便于知识的保存和传承。因此，中国传统知识的数字图书馆和社区登记应以传承知识、防止流失、促进惠益分享为主要目标，立足于知识保存、在先技术构建、惠益分享等主要用途。

传统知识数字图书馆和社区登记的内容和形式与用途密切相联。印度传统知识数字图书馆起初是为构建防止生物海盗的在先技术手段，为专利审查员查询在先技术提供帮助。因此，数字图书馆收录了最易招致生物海盗的药用动植物和微生物及相关传统医药知识和信息，在国际专利分类框架的基础上创制传统知识资源分类体系，把传统医药知识分门别类。每项传统知识赋予一个唯一、可识别代码，并与世界知识产权组织国际专利分类系统相关联。后期再通过签订使用协议的方式，为世界各国的专利审查机构提供在先技术数据库，供专利审查员检索查询，判断专利申请是否涉及印度传统知识。为便利查阅，数字图书馆采用易于被审查员理解的著录格式和语言风格，条理分明地描述传统知识包含的内容，确凿地列出传统知识的文献来源。社区登记则有所不同，其目的重在促进惠益分享，因而必须把知识本身和社区（既是传统知识持有者，也是惠益分享主体）明确地关联起来。惠益的生成需建立在便利获取的基础上，所以记录的传统知识信息力求细致，方便使用者查询利用。由于社区登记的实施主体多元化，登记活动零散化，NGO、民间公益组织、科研机构等大都与当地社区达成协议，确保社区能够实际掌控相关数据库的使用和传播，确保惠益能够切实反馈到当地社区。而《生物多样性条例》要求生物多样性管理委员会开展社区登记时，也需要与当地人协商。综上所述，数字化和社区登记的内容和形式应当与传统知识数字图书馆、数据库的最终用途密切相关。用于防止知识产权不当授权的，应当采用与国际专利分类系统衔接的著录格式和编码方式；用于保障惠益分享的，应当明确知识持有者（惠益分享主体）；用于保存和传承知识的，应当务求详尽、细致地予以记录。中国传统知识数字化和社区登记不仅要防止生物海盗，还应注重促进惠益分享和传统知识传承，因而需要研究制定适应不同需求的传统知识数字化合社区登记规范、技术标准、操作指南。

2．韩国传统知识保护技术体系

韩医药虽起源于中国传统中医药，经过韩国多年来的研究，最终形成如今有别于中国和日本的韩医药产业，并取得了重大的发展和良好的经济社会效益。韩国医疗产业发展迅速，已是韩国新兴支柱产业之一，特别是在生物医药领域尤为突出[29]。2014 年，韩国药品市场销售额为 19.37 万亿韩元（约合 179 亿美元），2009—2019 年，韩国生物医药产值年均增长率达 8.13%[30]。

韩国政府高度重视韩国医药的发展，加大韩医药扶持政策和法律制度，先后颁布了《医疗法》《药事法》《韩医药育成法》等。尤其是韩国于 1993 年成为《公约》缔约方之后，韩国加强对本国除韩医药产业的其他传统知识及与其相关的生物资源和遗传资源等进行了保护[31]，先后颁布了《保护、管理和使用农业生物资源法案》《海洋生物资源获取、管理和使用法案》等法律法规，并制定了一系列的国家生物目录，建立传统知识数据库等措施。

韩国国土面积为 10 万 km^2[32]，拥有生物物种 5 万多种。部分属于与中国、日本、俄罗斯跨境物种。韩国常用植物约有 5 100 种，这些植物除了可以药用和食用外，还是化妆品和新药开发的原材料。韩国遗传资源匮乏，但生物技术产业发展迅速，故韩国开发和利用的生物资源主要依赖进口，2015 年韩国进口原料为16.83 亿美元，其中从中国进口的为 4.71 亿美元，约占韩国进口总额的 28%[33]。

韩国拥有丰富的传统知识，也是遗传资源及其相关传统知识的应用大国，在此形势下，韩国积极加强本国遗传资源及其相关传统知识的保护工作，尤其是其传统知识门户（KoreanTraditional Knowledge Portal，KTKP），因建设发布工作较为成熟，是近年来研究的重点。

（1）韩国传统知识门户

1983 年，雀巢公司就保护通过发酵生产蔬菜汁的技艺向包括韩国在内的 15 个国家提交了专利申请。该工艺与韩国人用来制作泡菜的工艺及其相似，因为当时韩国没有官方文本或参考资料可以阻止雀巢获得此类专利，雀巢还是成功地在韩国之外的其他国家获得了这一技艺的专利权。通过这一事件，韩国认识到建立一个综合数据库对于作为主权权利保护传统知识是至关重要的[34]。

韩国传统知识门户（KTKP）是韩国为了应对世界知识产权机构（WIPO）将传统知识相关文献选定为国际专利申请审查必须参考的先行技术文献的国际趋势，防止本国传统知识流失和剽窃而建立的。该数据库由韩国知识产权局牵头，韩国韩医学研究院、韩国科学技术信息研究院等专业研究机构共同参与建立的。它包含了韩国古代医学文献和中国的汉方医学文献、学术文章和专利文件等，于 2004 年投入使用，经过 3 年数据库的编制工作，于 2007 年向公众开放[35]。该数据库内容主要包括草药、方剂、疾症、传统食品、农业和生活技巧、非物质文化遗产以及相关的各门类相关学术论文，同时具有化合物、术语等辅助内容。截至 2021 年 5 月，该数据库已收录药物 5 500 种、方剂 7 103 种、病证 12 500 种、传统食品 6 052 种、农业和生活技巧 2 062 个、非物质文化遗产 58 个以及相关学术论文 40 674 篇[36]。

目前数据库中收录了来源于韩国 49 家学术机构的 57 种学术期刊，内容包含东方医学、食物、药理学和生物学等不同领域，通过全数字化形式将文章的关键内容、IPC 和关键词等以线上形式呈现。用户经过该数据库授权后，可通过以上信息在线访问原始文献。该数据库以《东医宝鉴》《方药合编》《东医四象新编》等韩国医药古籍和现代编纂的药典等韩国国内出版物作为参考，以英语、韩语 2 种语言翻译著录，综合系统地将药材、病症和方剂等信息进行衔接，可以应用通用名称、学名、同义词、IPC 和关键词等进行简易界面浏览。此外，还可以检索化合物数据库，可以通过化合物名称、化学分子式、美国化学文摘服务社（Chemical Abstracts Service，CAS）登记号及化学结构（包括子结构或类似结构）进行检索[37]。农业和生活技巧和非物质文化遗产相关内容来源历年搜集整理并出版的传统知识、古代农业等系列藏书，韩国将文献化的传统知识划分为国家所有，KTKP 对传统知识持有人确认标准、登记人资质、登记人享有的权利和义务、侵权人责任等未作任何规定。

KTKP 属于一个完全开放的数据库，该数据库并不属于典型的防御性保护数据库。目前 KTKP 主要受到的国际保护措施是申报列入根据《专利合作条约》（Patent Cooperation Treaty，PCT）的非专利文献清单，进入国际专利审查过程，供国际专利检索单位使用[38]。KTKP 除了可以在知识产权方面保护本国的传统知识，还可为韩国企业提供有关医药、食品等产业化为商业的有用信息，有助于更好地向公众推广本国的传统知识。

（2）韩国传统知识保护的经验和启示

在 2017 年加入《名古屋议定书》之前韩国就如何保护遗传资源及其相关传统知识开展了一系列措施。对 ABS 专门立法实施内外兼顾的模式[39]，2012—2016 年先后颁布了《生物多样性保护、使用法案》《海洋生物资源获取、管理和使用法案》《生物资源获取、管理和利用法案》等法律法规，并研发、建立韩国的传统知识门户。21 世纪是生物科技时代，遗传资源及其相关传统知识在国家发展中占有重要地位。

生物资源与遗传资源之间存在相互依托、相互影响的关系。2012—2017 年韩国环境部、农业食品农村事务部、海洋渔业部等多部门共同颁布了与生物资源和遗传资源相关立法，2017 年颁布的《遗传资源获取、利用和惠益分享法案》规定了韩国国内遗传资源获取、使用及惠益分享部分核心制度即为获取申请许可制度。韩国设立多个获取申请许可行政主管部门，允许境内外个体、组织对遗传资源获取、使用及惠益分享。该法还对韩国境外遗传资源获取、使用及惠益分享部分核心内容进行了规定，在遵循现有生物资源行政部门机构设置及权限划分现状的基础上设置了多个检查点，要求使用者在获取和利用境外遗传资源时，需遵守遗传资源提供国的相关法律，并签署获取惠益分享协议，但前提是该遗传资源提供国也根据《名古屋议定书》制定了相关国内法。该法第 9 条第 2 款规定，如果获取申请对象符合其他法律规定，则应优先适用该法律。2017 年颁布的《遗传资源获取、利用和惠益分享法案》将遗传资源法律体系推向了高潮，该条法规将韩国国内多部门之间进行了衔接，标志着韩国遗传资源法律体系逐渐趋向完备。

《遗传资源获取、利用和惠益分享法案》对遗传资源获得者进行了规定，即外国人、海外朝鲜人、外国机构、国际组织和环境部法令指定的其他人寻求获得国内遗传资源的。并认为遗传资源的提供者和使用者应当同意公平、公正地分享国内遗传资源的利益，对于违反相应条例获取利用或限制获取利用的遗传资源将处相应的行政处罚等。

韩国数据库中对传统知识的权利人没有进行明确注明，造成了权利主体不清的现象[40]。韩国立足于传统和本地社群集体处分权（或所有权），以国家立法规定传统知识资源准入，与资源利用人通过契约作出惠益分享安排，改变散播型传统知识无主的事实状态，并对资源获取人的资质、享有的权利和义务以及侵权人的责任进行了规定。韩国政府于1962年制定的《文化财保护法》认为民间艺人为本国的传统文化“持有人”，以对本国的传统文化进行保护，但该条法律的实施，在某种程度上限制了民间艺人在表演中的创造力，甚至影响了民俗活动的发展势头。

韩国注重保护本国的遗传资源及其相关传统知识，其与欧盟签署了第一份OECD国家之间含有传统知识条款的自由贸易协定[41]。韩国尊重《名古屋议定书》的事前知情权（PIC）条件和共同商定条件（MAT），强调要鼓励《公约》与《TRIPS协议》之间努力提高相互支持的关系，并认为应当在专利申请中披露惠益分享协议[42]，但韩国对资源来源公开义务化持反对态度[43]。韩国属于资源利用国，在本国资源供给不足的情况下，需要从国外大量进口遗传资源。惠益分享制度将使韩国企业，特别是生物产业，承受更大的经济负担[44]。所以韩国及其重视遗传资源及其相关传统知识的惠益分享机制，并积极开展了一系列的保护措施。

韩国为避免未经授权的专利侵害再次发生，为促进专利制度的完善，从而构建了KTKP数据库。韩国的传统知识包括医药、食品、文化、传统技艺等，这些内容涉及韩国食品药品安全部、农业食品农村事务部、知识产权局等多部门职责。KTKP数据库完美地将韩国现有的传统知识进行罗列并进行数字化显示，并将与遗传资源相关的数据进行链接。如只依靠知识产权局对数据库进行构建和管理，难以实现利用数据库对传统知识进行保护的目标。韩国多部门的协调管理机制提高了传统知识的保护效率。数据库系统是保护遗传资源和遗传资源相关传统知识最有效的形式。KTKP并没有对各国专利机构进行许可使用，用户可以很方便地进行检索，KTKP中引用的传统知识属于公众可公开获得，该数据库所列出的传统知识都标注着其来源和归口部门，数据库中的传统知识存在被他人方便获得、私自进行开发利用的风险。

KTKP数据库虽是韩国为保护本国传统知识建立的，但实际也是一个侵犯他国传统知识的产物，KTKP中引用的大部分方剂和药材等传统知识实际来源于中国的古典文籍。例如对韩国医学产生巨大影响的医学著作《东医宝鉴》，是在中国与朝鲜古代著作的基础上进行的整合编辑，全书引用书籍文献共计206种，其中辑录中国文献200种，占全书的96.99%，引用朝鲜文献6种，占全书的1.83%[45]。

KTKP 的部分药材所附图片来源不明，部分图片中的药物上摆放着中文标识的商品标价签；数据库中部分药材资源也存在不符合常规的现象，例如生长于亚热带地区的槟榔，韩国并无分布。以上所有内容均未提及其他国家。数据库中的内容由韩国政府部门建设的官方网站公开发布，将其宣示成为韩国传统知识，会在国际上形成一定的误导[46]。

韩国高度重视传统知识的搜集和宣传。2009 年韩国知识产权局就向搜索门户网站 NAVER（www.naver.com）提供传统知识搜索服务功能与 NHN 签订条约。NAVER 是韩国最大的搜索引擎和门户网站，业务遍布韩国、日本、中国及东南亚等国家（地区）。但韩国在国际上对本国传统知识进行宣传的时候，并未对本国数据来源进行明确标识。2009 年韩国申请《东医宝鉴》初刊本列入世界记忆遗产名录，引起了广泛争议。

三、中国遗传资源相关传统知识管理法制现状和履约障碍

1. 遗传资源相关传统知识行政监管体制仍不明确

长期以来，中国各行政主管部门对遗传资源相关传统知识及获取和惠益分享议题认知不够，该领域行政监督管理处于空白状态。由于生物资源与遗传资源之间存在紧密联系，中国的遗传资源获取行政监督管理是由生物资源行政主管部门代为管理。由于存在门类种属、生存环境、保有数量等差异，生物资源领域行政主管部门呈现长期“割据”与各自为政的状态。

2. 获取和惠益分享专门、统领性法律构建仍显迟滞

目前，中国已在多部法律法规中创设获取和惠益分享相关规定，但是多数规定不具备可操作性。

3. 不同法律保护方式之间仍需考虑如何统筹协调适用

由于部门立法导向存在差异，《非物质文化遗产法》（2011）和《中医药法》（2017）分别从文化多样性、生物多样性不同视角对中医药传统知识进行了法律保护。除了对上述法律现象进行确认以外，有必要关注法律之间的统筹协调，以使中医药传统知识法律保护效益最大化。如《中医药法》（2017）提到“中医药传统知识持有人”概念，它是否与非物质文化遗产传承人的概念之间存在对象重合，这一问题值得探讨。

4. 获取和惠益分享行为或者活动仍缺乏明确规范指引

行为规范指引一般包括两个方面，一方面由参与主体或行业协会（组织）根据获取和惠益分享实践需要而自行创设不具有强制约束力的规范指引，另一方面则是由行政主管部门制定具有准约束力的规范指引。目前，中国在遗传资源相关传统知识领域均未出现上述两类指引。

四、核心制度构建建议

1. 中医药传统知识专门权利制度

专门权利制度是对遗传资源相关传统知识提供的直接保护。首先它是完善其它保护制度的基础；其次通过创设遗传资源相关传统知识专门权利可在明确权利主体的基础上设置相应的权利条款和义务规范，完善相应的程序规则，以便更好地保护遗传资源相关传统知识。根据各国立法经验，专门权利制度的内容应当包括传统知识的所有权、利用与发展权、转让权、同意权和获益权等。

专门权利制度的期限对遗传资源相关传统知识的保护具有重要意义。如果不设定保护期限，则应依据不同遗传资源相关传统知识表现形态而进行分别考虑。中国设置相关规定的时候，应考虑对遗传资源相关的传统知识提供无期限保护。传统知识和民间文艺作为传统资源财产权利客体由代际传递性和群体一致性相结合的信息编码行为生成并存续，行为中断则客体濒危，行为中止则客体灭失，传则有，不传则无，只要其仍然保持活态就应当赋权，因此不存在固定期限问题[47]。但是，遗传资源相关传统知识具有商业或工业价值而产生相应的衍生品，即对遗传资源相关传统知识进行间接保护时，保护期限应当符合衍生品的保护期限标准。

2. 获取和惠益分享机制

《公约》《名古屋议定书》所设定的获取和惠益分享机制是一套主体多元、对象特定、兼有实体和程序内容的规则体系，在整个制度框架中应作为抓手而存在，中医药传统知识专门权利能否实现与该机制是否发挥功能或作用密切相关，该机制主要包括事先知情同意制度和共同商定条件制度。

（1）事先知情同意制度

事先知情同意制度是《公约》和《名古屋议定书》反复提及的获取和惠益分享机制重要制度构成。事先知情同意制度的功能在于通过获取者、开发者和利用者履行通知、告知等相关程序，实现提供者获取和惠益分享的知情权，并允许其参与前述程序全过程并作出支持或者反对的决定。《公约》和《名古屋议定书》提及的规定在一些地区和国家的立法发展中被发展为国家主权、国家所有权和传统部族所有权[48]。

该制度内涵包括 3 个核心，即事先、知情及同意。《名古屋议定书》第 7 条提到应确保获取由土著和地方社区所持有的遗传资源相关传统知识得到土著和地方社区事先知情同意或核准参与，并订立了共同商定条件。

通过事先知情同意应达到以下两个方面的法律效果：程序方面的同意和实体方面的同意。具体而言，程序方面的同意是指经过遗传资源相关传统知识的所有者、占有者和管理者同意，获取者、开发者和使用者将获得遗传资源相关传统知识合法获取证明等书面文件以利推进后续事项、程序或环节；实体方面的同意是指遗传资源相关传统知识所有者、占有者和管理者允许获取者、开发者和利用者对遗传资源相关传统知识进行精神或物质利益方面的处分，并为后续进行共同商定提供规则引导和效果预期。

（2）共同商定制度

共同商定制度是《公约》中首次提出来的，在第 15 条第 4 款规定获得遗传资源提供国批准后，应按照共同商定的条件进行。第 7 款规定各缔约国应酌情采取措施，按照共同商定的条件与提供遗传资源的缔约国公平公正分享研究和开发此种资源的成果以及商业和其他方面利用此种资源所获取的利益。此外，《公约》第 16 条第 3 款，第 19 条第 2 款均涉及共同商定的内容。

共同商定制度的主体设定与事先知情同意制度的主体设定保持一致。一个国家如何执行事先知情同意在很大程度上关系到各国政府间对共同商定条件的解释①。从中国现实出发，共同商定制度的原始主体应当是遗传资源相关传统知识所在当地社区的集体管理组织与获取者、开发者和使用者。在某些情形下，遗传资源相关传统知识的权利主体变更为国家行政主管部门，共同商定制度的主体相应变更为具体国家行政主管部门与获取者、开发者和使用者。

中国在构建共同商定制度的内容时应当采取必要条款规定与选择条款规定相结合的方式对不同内容进行说明。但是，对于管制严格的国家有特殊规定，即合同必须要经过国家行政主管部门的批准才能获得效力。

3．中医药传统知识来源披露制度

来源披露制度是专门针对遗传资源和相关传统知识申请专利时的一项消极防

① UNEP/COP/CBD/3/20，para 47。

御制度，即要求申请人在提交遗传资源和相关传统知识的专利申请时，披露遗传资源和相关传统知识的来源地信息或许可证明，以便确立其专利来源的正当性和合理性。对于从传统知识或（生物）遗传资源中得出或基于传统知识或（生物）遗传资源开发出来的研究成果，要求专利申请人在专利申请时披露其所利用的传统知识或（生物）遗传资源来源的制度[49]。上述规定亦是遗传资源和相关传统知识获取相关国际公约及议定书首次对来源披露制度所作出的明确规定，检查点即为来源披露具体实施机构，国际遵约证书即是来源披露的具体形式，国际遵约证书的内容即是来源披露制度具体内容。

来源披露制度并不是遗传资源相关传统知识的专门法律制度，它仅是知识产权法律对遗传资源和相关传统法律保护的适度回应。《名古屋议定书》第 17 条相关规定的创设理念亦来自各有关国家遗传资源知识产权制度适用具体实践。目前，各国有关遗传资源来源披露制度立法主要有 3 种模式，分别为自愿披露（Voluntary disclosure，典型适用国家和地区如欧盟）、强制披露（Mandatory disclosure，典型适用国家如印度、安第斯共同体国家、南非）和许可证披露（Proof of legal acquisition，典型适用国家如秘鲁和哥斯达黎加）[50]。

为应对国内专利法律保护新形势，2008 年，中国第三次修改《专利法》，首次就遗传资源来源披露问题进行了规定。规定违法获取或者利用遗传资源的发明创造不授予专利权（《专利法》第 5 条）；依赖遗传资源完成的发明创造，申请人应当在专利申请文件中说明该遗传资源的直接来源和原始来源或者无法说明来源时需陈述理由等（《专利法》第 26 条第 5 条）。《专利法》前述举措具有积极意义，但这些规定本身还存在诸多问题，具体为来源披露制度性质不明（究竟属于哪种模式）、适用对象受限（是否适用于遗传资源相关传统知识）、行为模式不清（何谓违法获取或利用遗传资源的具体情形）、法律责任形式缺失（违法获取或利用遗传资源是否需要承担法律责任以及承担何种法律责任形式，无法说明披露来源法律后果及与违法获取或利用行为是否存在关联等）。

4．遗传资源相关传统知识注册制度

遗传资源相关传统知识注册制度是指通过文献化、网络化和数据化等方式将遗传资源相关传统知识进行识别、收集、保留、存储，以实现对遗传资源相关传统知识的法律保护，该制度表现形式为数据库或注册系统。

遗传资源相关传统知识数据库依据不同分类标准可做不同类型区分。依据适用对象不同，数据库可分为广义和狭义两种。广义的数据库包括狭义数据库和注册系统。狭义数据库和注册系统区别即在于是否记载公共领域的传统知识。依据

功能作用不同，数据库可分为宣示型数据库和建构型数据库①。宣示型数据库是指对先前存在、习惯的认可以及对道德层面的传统知识权利进行确认；建构型数据库是指通过数据库授予某类传统知识专属权利以识别和保护传统知识持有人道德、经济或法律上的利益。注册系统并非只是提供给使用者使用的数据库，它也为提供信息的主体赋予相关权利[51]。宣示型数据库和建构型数据库的区别即在于是否通过数据库新设传统知识相关权利。依据运营主体的不同，数据库又可分为政府、非政府组织、机构和土著和当地社区运营的数据库。

作为一项通过数据库或注册系统为遗传资源相关传统知识提供法律保护的工具，它的功能主要有：（1）防御性工具；（2）保护土著和当地社区利益的手段；（3）表明传统知识或土地及资源权利存在；（4）记录或支持符合获取和惠益分享协议规定活动；（5）主张积极知识产权；（6）研究和产品开发的信息来源；（7）文化或国家遗产的储存室②。

对于中国来说，数据库或注册系统对不同类型遗传资源相关传统知识起到的作用和功能亦有不同，如中医药传统知识数据库或注册系统主要体现为消极防御功能，即为中医药传统知识专利申请提供在先技术审查依据；如其他类型遗传资源相关传统知识数据或注册系统主要体现记录遗传资源相关传统知识类型、状态和信息，以及确认相关权利主体身份、明确各主体相关权利等。

5．知识产权制度

知识产权理论界一直将知识产权制度视为遗传资源相关传统知识的最佳保护手段和制度配给。20 世纪初，中国遗传资源相关传统知识研究从与 TRIPs 框架下传统知识知识产权保护合规性[52-54]，到知识产权保护方式[55-59]、知识产权保护理论基础[60-62]，再到知识产权保护具体规则[63-68]等角度对遗传资源相关传统知识知识产权合理性和正当性问题进行了较为全面、深入和细致的探讨，而在上述研究成果内容中也折射出学界整体对遗传资源相关传统知识知识产权化抱有乐观和积极态度。

知识产权制度为遗传资源相关传统知识的法律保护起到了间接性作用，如将遗传资源相关传统知识数字化、文献化，以作为在先技术来对抗专利权权利申请和主张，如将遗传资源相关传统知识相关资讯、信息作为专利权申请、主张合法性或有效性前置性条件等，这种间接保护的做法既能够尊重遗传资源相关传统知

① UNU-IAS. The Role of Registers and Databases in the Protection of Traditional Knowledge：A Comparative Analysis，2004，p21.

② WIPO. Documenting Traditional Knowledge-A Toolkit. p14.

识获取和惠益分享常规流程步骤，又不会对既有知识产权制度带来根本性、颠覆性的影响和改变。

6．自然保护地原住居民传统资源权制度

中国通过实证分析发现自然保护地法律文本几乎没有原住居民权利直接规定，仅在部分地方性法规、地方政府规章中可见间接、模糊、粗略规定，《建立国家公园体制总体方案》和《关于建立以国家公园为主体的自然保护地体系的指导意见》有多处原住居民相关表述①，即使没有明确提到原住居民权利，但内容均与之相关，初步体现了决策层对中国自然保护地原住居民及权利体系建构问题的重视。

当前，在共同富裕新时代的背景下，中国自然保护地原住居民传统资源权亦具有新的内涵，即为提供种质资源或遗传资源和相关传统知识而进行惠益分享。自然保护地作为遗传资源和相关传统知识主要来源地，该区域原住居民应在提供遗传资源和相关传统知识过程中获得相应收益。这既是从其他角度对遗传资源相关传统知识专门权利的承认，也是为遗传资源相关传统知识保护提供间接法律依据。

7．尊重传统习俗制度

传统习俗制度[69]，是指在处理与土著和当地社区的传统知识有关的事项时，应当尊重、遵守和维护所在相关社区在此方面的传统习俗。

通常，土著和当地社区就遗传资源相关传统知识的开发、利用、保护和发展等事项形成了一套完整的传统、习俗、惯例甚至是习惯法。因此，在遗传资源相关传统知识的获取与惠益分享中，必须按照这些传统习俗开展活动。只有这样，才能够从社区的角度来维护土著和当地社区的利益，满足其对相关权利和利益的真实要求和期望。

---

① 如允许暂时不能搬迁的原住居民在过渡期内开展生产（《关于建立以国家公园为主体的自然保护地体系的指导意见》第十七部分）、保护原住居民权益以实现各产权主体共享资源收益（《关于建立以国家公园为主体的自然保护地体系的指导意见》第十七部分）、鼓励原住居民参与特许经营（《关于建立以国家公园为主体的自然保护地体系的指导意见》第十七部分）、扶持规范原住居民从事环境友好型经营活动（《关于建立以国家公园为主体的自然保护地体系的指导意见》第十八部分）、加入参与式社区管理活动（《关于建立以国家公园为主体的自然保护地体系的指导意见》第十八部分）等。

第三章 前沿问题研究

遗传资源和相关传统知识涉及了很多交叉学科和前沿问题。部分新兴概念和新出现的问题给部分管理和科研人员造成了一定困扰，需要他们花费大量时间和精力进行研究。为此，ABS 国家项目组织机构和专家分别对遗传资源数字序列信息的概念和类型、社会性别、立法工作的国际、国内法律衔接等问题进行了专项研究，对需要关注的问题进行了分析和总结，以节约从业者熟悉相关概念的时间、提高学习效率。

第一节 遗传资源数字序列信息概念和类型介绍[①]

现代生物技术的发展，尤其是测序技术、合成生物学技术和基因编辑技术的迅猛发展，可以使使用者脱离对直接获取有形实体标本和遗传资源材料的依赖，影响公平公正分享遗传资源利用产生惠益目标的实现。所以，将遗传序列信息列入惠益分享的范畴是必要且及时的。

在所有遗传资源序列数据的相关术语中，序列数据一般指原始的测序数据，而根据原始数据进行序列比对和功能验证以后获得的遗传资源的序列信息，能够直接进行应用并产生经济效益。目前各缔约方提取序列信息的能力差异较大，需要采取措施保护原始数据的提供者。在这种情况下，本节内容来自《遗传资源数字序列信息相关术语研究报告》《遗传资源数字序列信息类型分析报告》2 个报告（报告均于 2018 年 4 月完成），这 2 个报告梳理了遗传资源数字序列信息相关术语和信息类型。

一、遗传资源数字序列信息惠益分享问题的产生和发展

经多年艰苦的谈判，《名古屋议定书》在纳入对遗传资源的遗传和（或）生物化学组成进行研究和开发等内容时，仅强调了对遗传资源表达或代谢所形成衍生物的利用，未涉及遗传信息。然而，基因序列记录着生命体的全部遗传信息，随着生物技术的发展，数字化基因序列的公开可以使大家轻而易举地获取并加以利用，而无须获得实际的遗传资源，数字化基因可以使一国的植物、微生物、动物及真菌的信息被用作商业用途，但无法分享惠益。

实际上，在《名古屋议定书》通过以前，在对遗传资源的利用定义谈判时，就已经涉及了现代生物技术，如合成生物学利用遗传信息对惠益分享的影响，但最终未能在名古屋第十次缔约方大会上将遗传信息加入遗传资源利用的定义。在议定书通过以后，随着测序技术的不断发展，基因测序成本降低幅度很大，而 DNA 序列合成成本也在不断降低，各方意识到遗传序列信息的利用，能够避开获取实体遗传材料时的惠益分享责任。在有关缔约方和非政府组织的呼吁和积极推动下，有关遗传资源序列信息的讨论最终被列入《公约》和《名古屋议定书》的议事日程。

① 该节内容源于中国科学研究院魏伟老师完成的《遗传资源数字序列信息相关术语研究报告》和华大基因与中国环境科学研究院共同完成的《遗传资源数字序列信息类型分析报告》。

2016 年 4 月底的《公约》科学咨询机构——科学、技术和工艺咨询附属机构（SBSTTA）第二十次会议在合成生物学议题上讨论了遗传资源数字序列信息（digital sequence information on genetic resources）。同年 12 月，《公约》第十三次缔约方大会（COP13）、《名古屋议定书》第二次缔约方会议（NP COP-MOP 2）首次将遗传资源数字序列信息作为独立议题提出。

二、遗传资源数字序列信息相关概念的辨析

1．遗传资源数字序列信息概念研究现状

《公约》第十三次缔约方大会决定，在其第十四届会议上审议利用遗传资源数字序列信息对《公约》的 3 个目标可能产生的任何影响，并成立一个技术专家组，对相关问题进行讨论并提出解决方案。这里首先需要解决的就是基因序列信息现有术语的技术范围与内涵，这项内容是开展研究和谈判的依据，是影响中国和各国遗传资源保护管理和立法的关键。目前来讲，尚没有任何国际公约对有形遗传材料信息的依赖性的使用而产生惠益分享进行管理。这里说的信息不包括遗传资源相关的传统知识，因为其已被纳入《名古屋议定书》的管理范围。巴西 2015 年实施的巴西《生物多样性保护法》（13.123 号联邦法律，2015 年 5 月 20 日颁布，11 月 17 日生效）在其第 1 章一般规定第 2 款第 1 条中明确指出，要管理有关动植物或微生物遗传资源的信息，但该法没有说明“信息”所指含义。然而，McCluskey 等研究发现[70]，根据巴西对遗传资源获取和研究的定义，该法适用所有利用巴西生物多样性开展的活动，而这些活动包括了分子分类学、谱系学、分子生态学和分子流行病学的科学研究，以及公共数据库中基因组序列信息的利用等。同处南美洲的另一生物多样性大国秘鲁的立场类似，将遗传资源定义为含有可用或潜在可用遗传信息（genetic information）的所有生物材料。

在目前使用的一些相关技术术语中，除了遗传资源序列信息（digital sequence information on genetic resources）、遗传信息（genetic information）和来自遗传资源的信息（information arising from genetic resources）等术语外，尚有侧重数据（data）的一些名词，如世界卫生组织（WHO）流感预防（PIP）框架使用的遗传序列数据（Genetic Sequence Data，GSD）等术语，主要关注可能引起人类流行感冒的病毒，其遗传序列数据这个术语的内涵包括病毒的 DNA、RNA 序列的数据，也包含氨基酸（蛋白）序列数据，但 PIP 框架未作强调，只是建议对数据进行标注。这里的数据只是集合的概念，而当数据经过提取、加工和分析之后，就形成了能够

说明问题和功能的信息（information）（如生长、发育、繁殖、病害、抗性等）[71]。其实，以上那些术语反映的内涵和外延的差异不是很大，但如深入分析各术语的含义，仍可发现它们之间存在差异。单纯地根据碱基序列（及序列数据）是不能了解到生物生长发育以及功能等的有用信息。有用的、智能的并可以分享的信息必然是将信息科学和数字技术应用到序列数据的分析中，并结合生物学知识获得，能够直接应用于生物技术对生命体进行改造。

《粮食与农业植物遗传资源国际条约》（ITPGRFA）用到一个去物质化（dematerialization）的词汇，即以前该条约管理的是有形遗传材料实体的交流和获取，但由于技术的进步，可以直接获得遗传材料的序列信息，物质标本的交换和交流了就不再是必需的了。因此，遗传资源获取与惠益分享这个体系就无法仅仅依赖有形的实体材料及其与数据间的简单关系来确认遗传资源的归属，以及进行后续的惠益分享[72]。Welch 等提出了一个很迫切的问题，即使遗传资源利用的监管追踪体系足够强大，遗传资源序列信息的交换和交流的监管也面临巨大挑战。例如，有很多序列是由不同序列组合而成，或者同一序列可能存在多个物种当中。因此，在实施这样一个获取与惠益分享体系前，就需要明确其管理对象，以及对数据和信息类型进行严格而具体的定义。

目前《公约》暂时使用的数字序列信息（Digital Sequence Information，DSI）这个词，其概念范围尚未确定，但根据已有的理解，DSI 应该包括不同形式的 DNA、RNA 和氨基酸序列，也应该包括蛋白质组、转录组和代谢组信息。之所以被《公约》临时采用，与目前这些信息的主要存储形式有关。

国际上 DNA 序列在线数据库中，美国国家生物技术信息中心（National Center of Biotechnology Information，NCBI）比较著名，存有大量的序列数据，并可以被免费获取。大部分数据与已有发表的论文有联系，可以根据发表论文了解与序列相关的信息（如基因功能、特征和位点等）。中国科学院北京基因组研究所的基因组序列共享系统（Genome Sequence Archive，GSA）的数据量相对较大，且在不断上升。合成生物学技术可以根据已知功能的序列合成 DNA，导入受体生物中，生产特定产品或性状，如合成新能源材料。基因编辑工具如 CRISPR/Cas9 甚至不用导入新的合成核酸片段，只需要根据已有信息，剪切不利性状的基因片段，从而创造新的优良品种。

虽然《公约》和《名古屋议定书》目前使用的都是遗传资源数字序列信息这个术语，但二者对于该词可能会存有不同的意见和含义，一方面要求各缔约方国家联络点提交相关建议，广泛争求意见；另一方面成立技术专家组，专门将术语作为任务之一开展讨论和研究。实际上，数字序列信息这个术语的描述是最接近《公约》、《名古屋议定书》和《粮食与农业植物遗传资源国际条约》等国际法律针对遗传信息的惠益共享方面所管理的对象的，“遗传信息”和“来自遗传资源的信息”两个术语外延比较宽泛，比如“遗传信息”这个术语不仅涵盖序列信息和数据，还包括其他如亲本、性状等信息，而“来自遗传资源的信息”则覆盖面更广，不仅包括用途，还可以包括其地理分布、生长环境及相关传统知识等信息。如生长（微）环境对中国传统药材的药效比较关键，因而原产地、地理分布和生长环境的信息就可能特别重要。

2. 遗传资源数字序列信息概念的分析

综合以上分析和讨论，并结合已有的科学知识，可以看出遗传资源序列数据、序列信息以及遗传信息和来自遗传资源的信息等术语，在内涵与外延上都有区别，在研究尺度，以及其收集、挖掘的技术和方法上也有不同。

从其数据的特点来看，序列数据和序列信息以数字化形式存储的比例较高，而遗传信息和来自遗传资源的信息成分复杂，以数字化形式存储的比例相对较低。遗传资源的序列数据是通过测序等技术直接获得的原始数据，完全是在分子水平上收集数据。而序列信息则是通过与数据库中的序列进行比对、注释和功能验证获得的基因表达、点位、功能以及特征等信息，是能够直接利用的信息。遗传资源的序列信息的提取，除在分子水平上开展工作外，还需要考虑个体特征。遗传信息的含义则比较宽泛，所有与遗传有关的信息都可以定义为遗传信息，当然也会包括序列原始数据和序列信息的内容，但总体来说，是需要考虑群体的因素、个体间相互的关系，理解基因型和表现型以及群体间的亲缘关系，包括某个基因在群体中的频率或功能等。当巴西颁布的 ABS 新法，提到来自遗传资源的信息时，考虑了除遗传信息以外的更多信息，首先是包括了遗传资源及其利用的相关传统知识（在其国内法中提及遗传资源相关传统知识比较正常），其次是其进化和谱系关系，以及生态系统中其他生物和非生物因素的相互关系，最后是其地理、历史分布及生长关系等，这样的考虑更全面，更能保护自己的遗传资源及信息不被盗取和滥用。但在《名古屋议定书》和《公约》框架下，如果单纯地从序列数据和信息的角度来考虑惠益分享以及一部分序列数据和信息的存储可能为非数字形式，建议使用“遗传资源序列信息（包括原始序列数据）”（sequence information on genetic resources，including raw data）这个术语更能完善惠益分享的内容并充分利用国际法保护发展中国家的利益。

三、当前遗传资源数字序列信息的类型和特点

当前遗传资源数字序列信息的类型繁多，特点各异。随着基因测序技术的发

展、分子生物学研究手段的快速开发以及对序列数据的深度挖掘，产生的数字序列信息不仅从数量上呈指数级增长的态势，而且产生的类型也越来越繁多。来源于同一物种的序列信息，包含了核酸和蛋白质，但不同注释工具、流程产出的序列信息各不相同。我们通过对当前遗传资源数字序列信息类型的调查研究，给出以下两种主要分类途径以及基于每种分类途径下的信息分类和特点。

第一种分类途径是在相关数据库的支撑下，根据生物信息学的研究分析对遗传资源数字序列信息进行分类。该途径下的信息分类主要有组学分析类、演化基因组类、Meta 基因组类、线粒体基因组类、原始序列归档类、基因组归档类、基因归类、参考序列类、突变类、蛋白类、表达类、通路功能类、小分子类和表型/基因型类。

第二种分类途径是根据生命遗传物质的性质对遗传资源数字序列信息进行分类。以美国国立生物技术信息中心（NCBI）对核苷酸序列数据库及其衍生数据库的分类为例，信息分类大致分为基因、健康类、蛋白质类、基因组以及化学物质。

1．根据生物信息学分析及研究分类的遗传资源数字序列信息

在生物信息分析和研究的过程中，不同环节会产生不同格式的数据类型。基于生物信息学分析及研究进行分类的遗传资源数字序列信息主要包括 14 大类，每大分类中包含具体信息子分类。例如，遗传图谱、物理图谱、转录图、染色体、参考序列等数字序列信息可用于组学分析的研究，故被归为组学分析类。分类详情见表 3-1。

表 3-1　基于生物信息学分析及研究的遗传资源数字序列信息的分类

信息分类（大类）	信息分类（子类）
组学分析类	1. 遗传图谱 2. 物理图谱 3. 转录图 4. 染色体 5. 参考序列 6. 原始下机序列数据 7. 序列拼接后的重叠群（Contig） 8. 比对结果文件格式 BAM/SAM 9. 编码基因 10. 基因组的变异 11. GO/Pathway

信息分类（大类）	信息分类（子类）
演化基因组类	1. 简单重复序列 2. CG 岛 3. 假基因 4. 非编码基因 5. 单核苷酸多态性 6. 拷贝数变异 CNV/SV 7. 基因家族 8. 同源基因 9. 转座因子（转座子）
Meta 基因组类	1. 16S 核糖体 DNA 2. 参考基因集
线粒体基因组类	线粒体 DNA
原始序列归档类	1. NCBI SRA，EMBL-EBI ENA，DDBJ-DRA 2. EBI Metagenomics
基因组归档类	NCBI genome
基因归档类	1. NCBI gene 2. NCBI Refgene 其他数据库： 3. Gene Card
参考序列类	NCBI Ref Seq
突变类	1. ClinVar 2. dbSNP
蛋白类	UniPort
表达类	1. NCBI GEO 数据库 2. Array Express 3. Expression Atlas 表达图谱 4. GTEx
通路功能类	1. Reactome 2. KEGG 3. Gene Ontology
小分子类	Enzyme Portal
表型/基因型类	1. GWAS catalog 2. GWAS Central 3. gnomAD 4. UCSC 5. Ensembl

2. 根据生命遗传物质的性质分类的遗传资源数字序列信息

第二种对遗传资源数字序列信息的分类方式是根据生命遗传物质的性质进行分类。以 NCBI 美国国立生物技术信息中心对核苷酸序列数据库及其衍生数据库的分类为例，见表 3-2。

表 3-2 根据生命遗传物质的性质分类的遗传资源数字序列信息

基因	表达序列标记	EST（Expressed Sequence Tags）：EST 数据库收录了 GenBank EST 中的所有数据和没有生物学注释信息的“单分子识别首次通过”的 cDNA 序列。EST 是从一个随机选择的 cDNA 克隆进行 5′端和 3′端单次测序获得的 cDNA 部分序列，代表一个完整基因的一小部分，在数据库中其长度一般从 20 到 7 000 bp 不等，平均长度为 360±120 bp。EST 来源于在一定环境下 mRNA 所构建的 cDNA 文库，因此 EST 说明了该组织中各基因的表达水平
	基因	Gene 数据库为用户提供基因序列注释和检索服务，还会链接到 NCBI 的 Map Viewer、Evidence Viewer、Model Maker、BLAST Link（Blink）、protein domains from the Conserved Domain Database（CDD）等数据库资源以及其他与基因相关的资源。Entrez Gene 数据库收录了来自 5 300 多个物种的 430 万条基因记录
	基因表达文库数据集	Gene Expression OmnibusDataSetsGEO DataSets 储存由 Gene Expression Omnibus（GEO）repository（资源库）中得来的基因表达以及分子丰富性的数据。GEO DataSets：GEO 数据库（收录整个试验的数据）
	基因表达文库概况	GEO Profiles 储存单独的由 Gene Expression Omnibus（GEO）repository 中得来的基因表达以及分子丰富性的数据。GEO Profiles 数据库（它负责收录一个基因在一次试验中的定量基因表达数据）
	HomoloGene	HomoloGene 数据库是一个在 20 种完全测序的真核生物基因组中自动检索同源基因的系统，包括直系同源与旁系同源。HomoloGene 的结果报告包括基因同源性和来自 OMIM、小鼠基因组信息学、斑马鱼信息网络、酵母基因组数据库、直系同源基因簇和果蝇数据库的基因表型信息。HomoloGene 的下载功能可以下载 HomoloGene 中的转录体、蛋白质和基因组序列信息，还能下载基因组中特定基因的上游和下游序列
	PopSet	包含研究一个人群、一个种系发生或描述人群变化的联合序列。PopSet 既包含核酸序列数据又包含蛋白质序列数据
	唯一基因数据库	unigene 是 Universal Gene 的英文缩写，意为广泛通用的基因数据库，通过电脑对相同基因座（Locus）的收集整理集合形成一个非冗余的基因数据库

健康类	ClinVar	到目前为止，在遗传变异和临床表型方面，NCBI 和不同的研究组已经建立了各种各样的数据库，数据信息相对比较分散，ClinVar 数据库的目的在于整合这些分散的数据，将变异、临床表型、实证数据以及功能注解与分析 4 个方面的信息通过专家评审，逐步形成一个标准的、可信的、稳定的遗传变异-临床表型相关的数据库
	基因型和表现型数据库	基因型和表现型数据库是国立卫生研究院赞助的用于归档、精选和发布由调查基因型和表现型相互作用的研究所产生的信息数据仓库。dbGaP 中的信息是以层次结构组织的，包含登记的主体，表型（作为变量和数据集），各种分子实验数据（SNP 和表达阵列数据，序列和表观基因组标记），分析和记录。有关提交研究的公开可访问的元数据，摘要水平数据和与研究相关的文档能够在 dbGaP 网站免费访问。来自全世界的科学家能够通过受控访问应用访问个体水平数据
	GTR	The Genetic Testing Registry，基因检测注册表（GTR）为自愿提供基因测试信息提供一个中央位置。范围包括测试目的、方法、有效性、测试有用性的证据和实验室的接触以及凭据
	MedGen	MedGen 组织与人类医学遗传学相关的信息
	孟德尔人类遗传	On-line Mendelian inheritance in man 是在线孟德尔人类遗传和持续更新关于人类基因和遗传紊乱的数据库。主要着眼于可遗传的或遗传性的基因疾病，包括文本信息和相关参考信息、序列记录、图谱和相关其他数据库
	PubMed Health	PubMed 健康为消费者和临床医生在预防和治疗的疾病方面提供信息。PubMed 健康专门从事临床疗效研究的评论，消费者易读的总结以及完整的技术报告
蛋白质类	保守结构域	Conserved Domain Database（CDD）保守结构域数据库是一个关于蛋白质功能单元注释的资源数据库
	Protein	一个综合来自其他资源中的蛋白序列集合，包括 GenBank、Ref Seq、TPA、SwissProt、PIR、PDB 中的序列
	蛋白质聚类数据库	Protein Clusters（蛋白质聚类数据库）收录了由完整的原核生物基因组和叶绿体基因组编码的 28 万多条且已确认的 Ref Seq 蛋白质序列，并将这些序列按照分类学的规则进行了归类（聚类）。NCBI 可以将这些蛋白质聚类信息用于基因组范围内的比对，也可以用于简化的 BLAST——微生物蛋白 BLAST 比对。蛋白聚类数据库还包括注释信息、出版信息、结构域和结构信息、相关库外链接和分析工具（如多序列比对工具和系统发生分析工具）信息等。蛋白质聚类数据库还通过 Genome ProtMap（http：//www.ncbi.nlm.nih.gov/sutils/protmap.cgi）与其他基因组数据库有链接
	结构	即结构数据库或称分子模型数据库（MMDB），包含来自 X 线晶体学和三维结构的实验数据。MMDB 的数据从 PDB（Protein Data Bank）获得。NCBI 已经将结构数据交叉链接到书目信息、序列数据库和 NCBI 的 Taxonomy 中，可以很容易地从 Entrez 获得分子的分子结构间相互作用的图像

	组装	基因组序列拼接组织和附加信息提供稳定的访问和数据的基因组装配数据跟踪。底层数据库的模型，可以容纳的装配结构，包括无序重叠或支架序列集，细菌的基因组组成的一个完整的染色体或复杂的结构，如人类基因组等位基因变异模型。该数据库提供了一个程序集和版本，以明确确定一组序列构成一个特定版本的组件，并跟踪变化，以更新的基因组组件
	BioProject	BioProject 数据库提供了一个组织框架，用于访问有关项目的研究信息。随着 NCBI 中归档数据集的量和复杂性的快速增加，对相关元数据的收集和组织的需求也在快速增加。Bioproject 可以捕获有关研究项目的描述性信息，将多个归档的相关数据整合在一起，并充当了一个中心入口，通过该入口告知用户数据的可用性。正在开发 BioSample 数据库可捕获有关项目中研究的生物样品的描述性信息。BioProject 和 BioSample 记录链接到存储在归档数据库中的相应数据。支持通过一个基于网络的 Submission Portal（提交入口）进行提交，通过一系列表格以输入描述他们的项目和样品的丰富元数据指导用户。总之，这些数据库提供了 NCBI 归档数据库中大量数据的改善的用户查询、定位、整合和解释方式
	生物样本	BioSample 数据库包含用于实验分析中关于生物材料描述
基因组	克隆	克隆数据库是一个集克隆和库信息的数据库，包括序列数据、地图位置和分发信息
	dbVar	dbvar 是 NCBI 数据库中关于基因组结构变异，包括插入、缺失、重复、倒置、替换，移动元件插入易位和复杂的染色体重排
	表观基因组学	表观基因组记录生物体的 DNA 和组蛋白的一系列化学变化，这些变化可以被传递给该生物体的子代。改变表观基因会导致染色体结构以及基因作用发生的变化。表观基因参与基因表达、个体发展、组织分化和转座子的抑制过程。表观基因不同于其底层的基因，它对于个体而言并不是基本静态不变的，而是可以被环境因素动态更改的
	基因组	即基因组数据库，提供了多种基因组、完全染色体、Contiged 序列图谱以及一体化基因物理图谱
	基因组概览序列	GSS（Genome Survey Sequences）：收录了不含生物学注释信息的单分子识别首次通过的基因组序列
	核苷酸	该数据库由 GenBank、DDBJ、EMBL 3 部分组成
	探针数据库	Probe database（探针数据库）是一个公共的核酸试剂数据库，它可以提供试剂信息、销售厂家信息、探针有效性信息，还可以计算序列相似性。该数据库储存了 960 万条探针序列，这些探针可以分为 31 大类，包括用于基因分型的探针、发现 SNP 的探针、基因表达探针、基因沉默探针、基因测序探针等

基因组	单核苷酸多态性数据库	该数据库收录的是单核苷酸多态性信息，例如，单个碱基的替换、缺失或插入信息。共收录有将近 1 800 万条人类 SNP 信息和 3 300 万条其他各物种的 SNP 信息。dbSNP 数据库还收录确认信息、种群特异性等位基因频率信息（population-specific allele frequencies）和个体基因型信息
	SRA	Sequence Read Archive（SRA）数据库里收录的数据是由新一代测序仪（如 Roche-454、Illumina Genome Analyzer、Applied Biosystems SOLiD System platforms）测序产生的基因序列信息。从 2007 年开始，SRA 已迅速累积到 1.3 Tbp，共计 180 亿条小片段，约占人类基因组序列总长度的 85%。SRA 的出现为数据挖掘提供了更多的机会。出于方便广大用户使用，NCBI 还将为 SRA 数据建立索引以及更多的辅助工具，例如，将陆续开发搜索和比对等功能
	分类	即生物学门类数据库，可以按生物学门类进行检索或浏览其核苷酸序列、蛋白质序列、结构等。包括大量物种的名字和种系，这些物种都至少有一条核酸或蛋白序列在遗传数据库中。其目的是为序列数据库建立一个一致的种系发生分类学。可以检索一个特定种或者更高分类的核酸，蛋白和结构记录。如果有新物种的序列数据被放到数据库中，这个物种就被加入分类数据库中
	生物系统	NCBI 生物数据库通过 Entrez 提供完整的接入系统生物学，包括基因，蛋白质和小分子，以及文献中描述的生物和其他相关数据
化学物质	PubChem 生物测定	PubChem 即有机小分子生物活性数据，是一种化学模组的数据库，由美国国家健康研究院支持，美国国家生物技术信息中心负责维护。PubChem 数据库中包括 3 个子数据库，PubChem BioAssay 库用于存储生化实验数据，实验数据主要来自高通量筛选实验和科学文献
	PubChem 化合物	PubChem Compound 库用于存储整理后的化合物化学结构信息
	PubChem 物质	PubChem Substance 用于存储机构和个人上传的化合物原始数据

2016 年 12 月，《公约》第十三次缔约方大会和《名古屋议定书》第二次缔约方会议分别讨论了遗传资源数字序列信息问题，并决定在各自的下次缔约方会议上审议使用这些信息对《公约》的 3 个目标和《名古屋议定书》目标实现进程的潜在影响。2018 年 2 月，遗传资源数字序列信息（DSI）特设技术专家组（AHTEG）会议在加拿大蒙特利尔召开。会议讨论了遗传资源数字序列信息类型、术语以及对生物多样性保护与可持续利用的可能影响。

遗传资源数字序列信息（DSI）的特设技术专家组讨论了与《公约》的 3 个目标和《名古屋议定书》目标相关的遗传资源信息类型。一致认为，“数字序列信息”（DSI）不能完全表征所有信息类型。然而，鉴于目前情况，决定继续使用“DSI”，将来有更合适的术语时再进行替换。

第二节　ABS 社会性别分析[①]

社会性别主流化是一个争取性别平等的过程。把各方的关切事项与经验当作设计、实施、监督和评估所有政治、经济、社会以及政策和方案不可分割的组成部分，从而保证各方平等受益。性别主流化的最终目标是实现社会性别平等。

在生物多样性领域，社会性别分析已经成为热点问题之一。但在生物多样性和遗传资源获取与惠益分享的社会性别研究方面，开展的工作仍然较少。本节内容来自《ABS 社会性别分析报告》（报告于 2018 年 12 月完成），该报告对遗传资源获取与惠益分享领域的社会性别的国际行动进行了梳理，对环境领域中男性和女性的性别平等等问题进行了分析。

一、遗传资源获取与惠益分享与性别主流化问题研究的必要性

1995 年，第四次世界妇女大会期间，所有成员国都对《行动纲领》提出的促进性别平等和赋权妇女的目标作出了承诺，并公认社会性别主流化（Gender Mainstreaming）是实现这些承诺的重要手段。中国政府随即作出了“将社会性别纳入决策主流”的承诺。从此，联合国一直致力于在政策、方案和项目中推动性别主流化。

无论是《公约》还是《名古屋议定书》都对性别主流化提出了明确要求。作为《公约》和《名古屋议定书》的缔约方，自 20 世纪 90 年代以来，在新制定或修订的相关立法和制度中，中国相继加入了有关遗传资源获取与惠益分享的相关内容或元素。不过令人遗憾的是，社会性别在中国生物多样性保护和遗传资源获取和惠益分享等工作开展过程中仍需要加强。增强遗传资源及其相关传统知识获取与惠益分享的性别敏感性，是我们履约的一个关键性维度。事实上，不仅国家 ABS 框架的开发需要具有社会性别的敏感性，任何试点项目也同样需要具有社会性别的敏感性。

在中国这样的农业大国里，亿万妇女处于生物多样性利用和保护的第一线。将社会性别融入 ABS 国家项目有助于实现“双赢”乃至“多赢”。第一，无论人类历史上还是当今世界，尤其是在以土地为本的生计系统中，妇女对于土地、森

① 该节内容源于北京大学胡玉坤老师完成的《ABS 社会性别分析报告》。

林、水源等自然资源的依赖程度较高。第二，男女角色不同决定了他们同自然的关系也不一样，有必要倾听两性的不同声音。第三，尽管妇女在生物资源的利用、保护和管理上起到了关键性作用，但其作为自然资源的使用者和管理者的角色通常被忽视。第四，妇女也是当下落实振兴乡村战略的一支主力军。农业依旧是中国妇女的第一大就业部门。她们活跃在农林牧渔等各个部门，为农村的发展起到了不可或缺的重要作用。第五，性别平等是可持续发展的一个重要前提条件，并逐渐成为一个普遍认可的国际共识。

中国作为负责任的大国，理应紧跟时代潮流，无论是出于与国际社会接轨的原由，还是考虑到中国当下的各种社会现实，在立法、政策及项目中推进性别主流化，显得迫切且必要。中国政府正致力于加强有关遗传资源及相关传统知识公平和公正获取与惠益分享的制度建设和立法保障，不失时机地利用 ABS 国家项目实施契机，有助于加快性别敏感的立法和决策的进程。

二、遗传资源获取与惠益分享领域社会性别的国际行动

1. 国际政策方面

遏制环境退化与消除性别不平等是相辅相成的。20 世纪 90 年代后，国际社会越发意识到在环境领域促进性别平等和赋权妇女的重要性。

1992 年的里约地球峰会，联合国召集的一系列全球发展大会及其后续的审查会议，无一例外将社会性别平等与赋权妇女列为核心议题之一。正是相关公约和国际会议文书的引导和累积性影响，为 ABS 管理中的性别平等干预奠定了立法和制度基础。尽管如此，迄今没有任何国际会议文书系统化地明确界定了妇女在遗传资源和相关传统知识方面的权利。

2.《公约》和《名古屋议定书》的规定

《公约》在其序言中载明，承认妇女在保护和可持续利用生物多样性上所起的至关重要的作用，并确认妇女必须充分参与保护生物多样性的各级政策制定和实施。

《名古屋议定书》在序言中承认妇女在获取和惠益方面的关键性作用。该议定书涉及妇女获得遗传资源和与遗传资源相关的传统知识。把妇女参与开发作为重点有助于妇女公平和公正地协商遗传资源和惠益分享。但令人遗憾的是，《名古屋议定书》并没有强调妇女参与 ABS 协商的权利。

3.《公约》缔约方大会的探索

《公约》缔约方大会也努力在其活动中促进社会性别主流化。《公约》的履行机制主要是缔约方大会（Conference of Parties，COP）及其会议决定。鉴于妇女有效参与ABS方案设计、协商、分享惠益的重要性，《公约》秘书处设立了一个社会性别中心。缔约方大会已多次在其决议中作出了社会性别主流化的承诺，并努力探索ABS协商过程和协商结果中如何实现性别主流化。

4．联合国系统环境机构的行动

作为在国际发展领域发挥重要作用的政府间国际组织，联合国在倡导和推动遗传资源获取与惠益分享方面发挥了至关重要的作用。在联合国系统内部，联合国环境规划署、联合国粮农组织和全球环境基金等组织和实体机构都致力于在环境领域推进性别主流化。

5．国际知名环保组织的活动

国际上最具影响力的一些环保组织积极推进社会性别主流化并催生了一些创新之举。世界自然保护联盟（IUCN）、世界自然基金会（WWF）、大自然保护协会（TNC）、国际爱护动物基金会（IFAW）、绿色和平（Green Peace）等都做了大量努力。

6．缔约方的国别行动

纳入性别维度也成为一种国际趋势。例如，危地马拉和尼加拉瓜分别通过了法律和/或政策工具承认需要确保环境管理和惠益分享中的社会性别公平。在地方社区生物多样性方面推进社会性别主流化的最佳做法也层出不穷。总之，表明各国提升了社会性别对于ABS的重要性的意识，社会性别的能见度越来越高。

三、中国妇女与环境的法律与政策框架关系

1．性别平等的法律和政策

在中国，性别平等早已被上升为国家意志。中国《宪法》一以贯之地以其最高的法律地位推动男女平等事业。2018年通过的《宪法修正案》第48条载明：“中华人民共和国妇女在政治的、经济的、文化的、社会的和家庭的生活等各方面享

有同男子平等的权利。国家保护妇女的权利和利益，实行男女同工同酬，培养和选拔妇女干部。”

2015 年 9 月，中国与联合国妇女署合作，在纽约联合国总部成功举办了一个全球妇女峰会。国家主席习近平主持峰会并发表了一个题为“促进妇女全面发展共建共享美好世界”的讲话。党的十九大报告再次重申“坚持男女平等基本国策，保障妇女儿童合法权益”。2016 年 3 月通过的《中华人民共和国国民经济和社会发展第十三个五年规划纲要》（2016—2020 年）第 66 章就“保障妇女未成年人和残疾人基本权益”作了具体阐述。1995 年以来，国务院共 3 次颁布了《妇女发展纲要》，作为落实男女平等基本国策的重要抓手。

2．ABS 相关的立法和政策

中国政府高度重视《公约》履约工作。除了 1992 年 6 月签署的《公约》，中国加入与生物多样性有关的国际公约还包括《湿地公约》（RAMSAR）、《濒危野生动植物种国际贸易公约》（CITES）、《自然与文化遗产公约》、《联合国防治荒漠化公约》（UNCCD）等。2016 年加入了《名古屋议定书》，标志着我们对惠益分享国际新规则的认可。

中国不断完善与遗传资源和相关传统知识获取与惠益分享相关的政策。2004 年，国务院办公厅印发了《关于加强生物物种资源保护和管理的通知》。2007 年 10 月，国家环保总局等 10 多个部委共同发布了《全国生物物种资源保护与利用规划纲要》。2010 年 9 月，国务院审议并批准实施《中国生物多样性保护战略与行动计划（2011—2030 年）》。2014 年，中国生物多样性保护国家委员会会议审议通过了《加强遗传资源管理国家工作方案（2014—2020 年）》。2017 年 3 月，环境保护部公布了《遗传资源获取与惠益分享管理条例（草案）》（征求意见稿）。但是，该法规政策均未涉及社会性别问题。

3．ABS 和社会性别法规政策的割裂

中国妇女既是环境保护和遏制生物多样性丧失的中坚力量，也是生物多样性丧失的亲历者、见证者甚至受害者，还是世代相传的有关遗传资源的传统知识的使用者和持有者。妇女或社会性别仍是环境领域几乎被遗忘的一个主题。

从国家制度来看，无论是立法还是政策，抑或是环境与性别，其发展基本上是平行推进，少有交集。环境立法和政策几乎只字未提妇女或性别问题。而性别立法和政策也很少触及环境主题。

四、环境与发展领域的性别平等

纵观全球，通过对国家层面和地方一级的性别劳动分工、时间利用、自然资源的获取和控制、权力与决策、妇女和男性有关遗传资源知识与能力以及少数民族地区与文化特性等方面对当前环境相关领域的性别平等现状分析，ABS 领域与性别平等的问题和环境与性别平等存在的问题相似，可以将问题总结为以下几个方面。

1．两性就业差异与性别劳动分工

在全球化浪潮的裹挟之下，妇女们既获得了前所未有的发展机遇，也面临着史无前例的威胁和挑战。与全球经济重构伴生的工业化、城市化、大规模人口流动以及家庭结构的变化等均为关联的现象。主要包括以下几种差异：①就业的性别与城乡差异，妇女的经济赋权因此被国际社会确认为促进妇女发展的关键所在。中国女性的就业率在世界上处于较高水平。尽管城镇化已成为世界各国不可逆转的趋势，但农业依然是其他发展中国家女性最大的就业容纳器。②非正规就业，在社会经济急剧转型期，妇女在城乡劳动力市场中处于结构性劣势。劳动力的职业结构反映了妇女的弱势地位。女性在职业转换和就业层次的提升方面仍滞后于男性。女性非农就业质量的提升仍需改善。③“农业的女性化”，在发展中国家，无论是作为家庭资源配置理性选择的结果，还是农村男性资源和技能的相对优势使然，男性无疑比女性拥有更多机会摆脱农业劳动而进入非农生产领域。妇女在种植业中的比例越来越高，并不等于妇女在获取和控制农业资源上取得了优势，更不意味着她们在农业管理和决策中占据了主导地位[73]。

2．时间利用

女性和男性在有酬经济活动和无酬家务劳动时间的配置上一直存在性别差异。家庭内部性别劳动分工的失衡似呈固化状态，家务劳动的不公平分配因而成为家庭内部不平等的主要根源之一。

3．资源的获取和控制

在很多发展中国家，无论在家庭还是集体资产等生存发展资源的拥有上，妇女与男性之间都存在差距。这也提醒我们，在遗传资源的利用和惠益分享上要警惕这类对弱势妇女的排斥和侵权。

4．权力与决策

2000 年以来，中国在各级党委和政府中女干部的配备率大为提高，女干部的数量和比例有所提升。妇女参与国家社会事务管理的水平和能力也在不断提高。但总体来看，女性在全国各级领导干部中的比例依旧偏低且增长缓慢。女性在党政及其他重要政府职能部门中担任主要职务的比例也相对较低。在层结构中，级别越高，女性的比例越低，参政的质量也不甚理想。

5．文化教育与能力

改革开放以来，中国女性和男性受教育程度的整体水平有了较大幅度的提高。接受初中及以上教育的妇女人数及所占的比例分别有了显著增长，但其占比仍低于男性。教育年限方面城乡仍存在明显的差距，农村和城市妇女相差 2.6 年，农村和城市男性相差 2.3 年。

6．少数民族地区的族裔与文化特性

农村少数民族妇女负责农业和水资源，获取生物资源与其创收活动密切相连。发挥妇女的比较优势并采取激励措施促进妇女采用更具可持续性的资源利用形式。使社区中的少数族群妇女等遗传资源提供者和相关传统知识的拥有者从资源的使用中分享惠益，有助于增强其保护和可持续利用遗传资源的动机。

第三节　中国遗传资源获取与惠益分享立法的国际法律衔接问题研究[①]

各国遗传资源禀赋存在差异，且缺乏公平和公正地获取与惠益分享的国际制度，长期以来遗传资源被非正当地、不公平地获取和跨界转移利用，严重损害了遗传资源提供国的权益。国际社会对此现象作出了积极回应，以期建立一个公平公正的分享利用遗传资源所获得利益的国际制度。分析与遗传资源相关的国际法律文件有助于中国履行相关国际义务，保护中国遗传资源，公平公正地分享利用遗传资源的惠益。本节内容来自《中国遗传资源获取与惠益分享立法的国际法律衔接问题研究报告》(报告于 2018 年 8 月完成)，该报告梳理了国际法律文件、相关条约（组织）的实施进展，分析了遗传资源获取与惠益分享的制度和中国的立法衔接问题。

一、遗传资源获取与惠益分享的国际法律文件梳理

遗传资源获取与惠益分享相关国际制度涉及生物多样性保护、粮食安全、公共健康、知识产权以及国际贸易等诸多领域。不同的国际条约和国际组织在遗传资源获取与惠益分享这一议题中既有冲突，又有协调。这些法律文件主要包括《国际植物新品种保护公约》、知识产权与遗传资源、传统知识、民间文学艺术政府间委员会（WIPO）国际法律文件、《公约》以及《粮食和农业植物遗传资源国际条约》。

1.《植物新品种保护公约》

《植物新品种保护公约》(以下简称《UPOV 公约》) 的“特异性”要求只有经过审查确定在递交申请与其他所有已知品种有明显区别，才能授予保护，而不考虑其他地理来源。此外，《UPOV 公约》还规定，通常要求育种者在提交申请之前附加的技术问卷中的提供育种过程和该品种的遗传资源来源信息。《UPOV 公约》鼓励申请者提供使用植物材料来源信息，以便于上述审查，但不得以此作为授予

① 该节内容源于武汉大学完成的《中国遗传资源获取与惠益分享立法的国际法律衔接问题研究报告》。

保护的附加条件。实际上，在某些情况下，由于技术渊源，申请人可能很难（甚至不可能）确定育种中所用全部材料的准确地理来源。如果某一国家决定在其总体政策框架内，采用遗传资源来源国或地理来源披露机制，该机制不得从狭义上理解为植物品种保护的条件之一。可在植物品种保护法律法规之外，采用一种类似植物检疫所要求的独立机制，来规范与品种的商品化有关的一切活动，如种子质量法规或其他有关市场营销的法规。《UPOV 公约》鼓励在育种活动中坚持透明和合乎伦理的原则，并认为在此方面，为培育新品种而获取的遗传资源，应遵守该遗传资源来源国的法律规定。《UPOV 公约》指出，这与《公约》第 15 条是相一致的，该条款规定获取遗传资源的决定权在各个国家的政府，并受各国国内立法的约束。

2. 知识产权与遗传资源、传统知识、WIPO 的相关规定

WIPO 在保护遗传资源获取与惠益分享方面作出了以下几个方面的积极尝试：知识产权、获取遗传资源与惠益分享方面的契约做法及合同条款数据库。WIPO 收到完整答复的调查问卷、实际协议和示范协议，采集的信息用于更新现有的 WIPO 数据库。该数据库目前在 WIPO 网站上在线运行，并在《公约》信息交换所机制（CHM）网站上设有超级链接，WIPO 可收到完整答复的调查问卷、实际协议和示范协议。该数据库旨在为制定合同指导做法、指导方针，以及关于获取遗传资源和惠益分享知识产权示范条款提供一种经验基础，同时处理涉及遗传资源与惠益分享的合同及使用许可相关的知识产权政策问题。IGC 和 WIPO 都认可专利制度与《公约》的互补性，强调成员国需要防止对涉及遗传资源和遗传资源相关传统知识的发明错误授予专利。错误授予专利的问题可以改进，并用于现有技术或参考资料检索的存储遗传资源和遗传资源相关非秘密传统知识的数据库，还可以提高某些现有制度，如信息提供制度和无效审查制度的效率。

3.《公约》

《公约》第 2 条对“生物多样性”“遗传资源”等用语进行了定义，遗传资源指具有实际或潜在价值的遗传材料。第 15 条调整遗传资源的获取活动，主要有以下几个方面的规定，自然资源的主权权利、促进遗传资源的获取、事先知情同意（PIC）、共同商定条件（MAT）和惠益分享。《公约》第 16 条规定了技术的取得和转让，第 17 条规定了生物多样性的信息交流，第 19 条规定了生物技术的处理及其惠益的分配。同时，《公约》第 8 条（j）款规定了关于传统知识的分享和惠益问题。

4.《粮食和农业植物遗传资源国际条约》

《粮食和农业植物遗传资源国际条约》提供了可持续管理粮食和农业植物遗传资源的治理框架、运作机制和政策。它还提供了一个政府间和多方利益相关方论坛，供就粮食和农业植物遗传资源相关问题进行对话。该条约为 PGRFA 建立了一个获取和利益分享多边制度（MLS），该条约第 12.4 条规定在多边制度内为获取 PGRFA 提供便利，这种便利化获取须根据标准的材料转让协议提供。在 2006 年 6 月 16 日的第 1/2006 号决议中，条约管理机构通过了《标准材料转让协议》（SMTA）。

二、相关条约（组织）实施进展

1.《UPOV 公约》

国际植物新品种保护联盟（UPOV 联盟）在 2015 年 3 月特别会议通过的 UPOV 成员指南文件中规定了 UPOV 成员职责、UPOV 品种保护体系实施等具体内容。

2. WIPO

2017 年 6 月底，知识产权与遗传资源、传统知识、民间文学艺术政府间委员会（WIPO-IGC）已召开 34 次会议，形成了 3 份独立文案，即遗传资源文案、传统知识文案和民间文艺表达文案。但在政策目标、术语使用、保护客体、受益人、保护范围、权益管理、例外和限制等关键领域各方分歧较大，难以达成一致，进展相对缓慢。现有文案在某种程度上只是反映了各方的观点和立场。2017 年 10 月初，WIPO-IGC 把 3 份文案提交给 WIPO 成员国大会第五十七届系列会议审议。2016/2017 两年期 IGC 任务授权所附的工作计划进一步指出，委员会在第二十九届和第三十届会议上，将开展关于遗传资源的谈判，侧重于讨论未解决的问题并审议法律文书草案的各个选项。

3.《公约》下的《名古屋议定书》

自 2014 年生效以来，全球已有 100 多个国家和地区批准或加入了《名古屋议定书》，其决策机构即缔约方大会。其在 2014 年召开了第一次会议，这次会议基本完成了初期建章立制工作，为各缔约方切实履行《名古屋议定书》奠定了坚实的制度基石。第二次会议于 2016 年 12 月召开，审议通过了遵约委员会议事规则，完成了遵约委员会部分成员的轮替，审查了信息交换所、国际公认的遵约证书、能力建设和发展战略框架等的执行情况。其中，遗传资源数字化序列信息（digital sequence information on genetic resources）的获取与惠益分享问题成为本次会议上各方瞩目的焦点。各方围绕遗传资源数字化序列信息是否应该适用《名古屋议定书》以及如何获取与惠益分享展开了激烈讨论。发展中国家认为，遗传资源数字化序列信息是经过人为解译的数字化产物，本质上仍然是遗传资源，应当适用《名古屋议定书》确立的获取与惠益分享规则，否则将会削弱《名古屋议定书》的效力。发达国家如日本、韩国、美国等对此极力反对，欧盟、澳大利亚、加拿大、新西兰等则以缺乏深入研究或需在国内先行探讨为由，极力拖延讨论进程。缔约方大会考虑此议题涉及大量技术问题，决定先交给技术专家组和科学、技术和工艺咨询附属机构讨论，再由大会下一次会议审议。

4.《粮食和农业植物遗传资源国际条约》

截至 2017 年 9 月 20 日，粮食和农业数据库保存了大约 59 089 份关于《标准材料转让协定》的报告，转让了 418 万多份收集品。根据这些记录，有超过 6 077 个接受方已收到多边系统材料，Easy-SMTA 已有 1 592 个用户（组织和个人）。虽然目前正在讨论如何加强多边系统运作。但秘书认为最重要的是使多边系统在其法律框架层面（《标准材料转让协定》运作、《条约》第 15 条中所述协定、管理机构所提供政策指导与《名古屋议定书》的相互支持）和技术基础设施层面继续保持持续运作机制。在《2018—2019 两个年度工作计划和预算草案》中阐明需要保证多边系统的必要维护职能。

在国际知识产权制度背景下，为防止遗传资源和遗传资源相关传统知识的盗用，中国应重视以下 3 个方面的工作：一是确保知识产权（专利）局能够获取适当的遗传资源及其衍生物和相关传统知识信息；二是加强知识产权及遗传资源获取与惠益分享制度的透明度；三是确保与遗传资源及其衍生物有关的国际协定及与知识产权有关的国际协定的相互支持作用。

三、遗传资源获取与惠益分享的制度分析和中国的立法衔接

关于遗传资源获取与惠益分享的国际法义务，主要在《公约》和《名古屋议定书》两个文件中体现。《公约》针对获取与惠益分享问题的条文仅有数条，《名古屋议定书》则用 20 多个条款详细规定了缔约方的履约义务。《公约》和《名古屋议定书》的履约义务以及中国应开展的立法衔接工作见表 3-3、表 3-4。

表 3-3 《公约》履约义务和立法衔接

《公约》条文	缔约方的履约义务	中国立法衔接建议
第 4 条 管辖范围 第 22 条 与其他国际公约的关系	缔约方依据《公约》制定的国内法应当只适用于缔约国管辖范围内的遗传资源，不适用于人类遗传资源以及公海和南极的生物资源，也不包括粮食与农业植物等特殊遗传资源	中国可以在国内立法中明确：利用《公约》和《名古屋议定书》生效前获取的遗传资源及可公开获取的传统知识也应当分享惠益
第 8 条（j）款	缔约方国内立法应当保障土著和地方社区对获取其所拥有的相关传统知识的知情、参与和惠益分享等权利	中国在国内立法中可以明确规定当地居民和地方社区在获取相关传统知识时拥有知情、参与和惠益分享的权利
第 15 条第 1 款和第 2 款	各缔约方对本国遗传资源享有主权，各国政府可以通过本国法律决定是否可以获取本国的遗传资源	中国可以在国内立法中明确遗传资源国家主权的同时，进一步明确遗传资源的所有权形式
第 15 条第 2 款	缔约方可以在公约的目标之下规定获取本国遗传资源的条件和程序，应当便利其他缔约国取得遗传资源用于无害环境的用途	
第 15 条第 5 款	缔约方在获取其他缔约方遗传资源时应征得提供方的“事先知情同意”	
第 15 条第 6 款	缔约方作为获取方时应尽力保障提供方充分参与遗传资源开发研究活动	
第 15 条第 7 款	缔约方应酌情采取立法、行政或政策性措施保障与提供方公平公正地分享惠益	

表 3-4 《名古屋议定书》履约义务和立法衔接建议

《名古屋议定书》条文	缔约方的履约义务	中国立法衔接建议
第 1 条 目标	缔约方无须采取特别措施。但任何立法、行政或政策措施都应当考虑议定书的目标。公平、公正惠益分享目标必须由各缔约方通过国内立法来实现	

《名古屋议定书》条文	缔约方的履约义务	中国立法衔接建议
第 2 条　术语	无特别措施。议定书吸纳了两个新的定义："衍生物"和"利用"。"利用遗传资源"是一项创新，它试图解决"衍生物"的问题，但仍缺乏明确性。 缔约方可在国内立法中规定"衍生物"和"利用"两词的明确含义	中国可以在国内立法中适当扩大解释"衍生物"和"利用"两词的含义
第 3 条　范围	无特别措施。在议定书文本谈判过程中，很多有争议的问题都没有明确地体现在本条。 各国立法可采取反面规定例外或正面适用两种方式对"范围"给予明确规定	中国可以在国内立法中明确：利用《公约》和《名古屋议定书》生效前获取的遗传资源及可公开获取的传统知识也应当分享惠益
第 4 条　与国际协定和文书的关系	无须采取特别措施。缔约方若作为《粮食和农业植物遗传资源国际条约》《与贸易有关的知识产权协定》《大流行性流感防范框架》《联合国海洋法公约》等缔约方时，应注意国内立法与前述国际条约适用范围的协调性	
第 5 条　公正和公平的惠益分享	缔约方有将该条规定纳入国内法的直接国家法义务。同时，各国国内立法应考虑如下三种情况：①获取遗传资源应当进行的公正和公平的惠益分享；②获取土著和当地社区土地上拥有的遗传资源应当进行的公正和公平的惠益分享；③获取遗传资源相关传统知识应当进行的公正和公平的惠益分享	中国在国内立法中应当明确，遗传资源各权利相关方公正和公平参与惠益分享的权利，特别是应当明确地方社区和当地居民惠益分享的权利
第 6 条　获取遗传资源	缔约方有义务采取必要的立法、行政或政策措施，保证获取本国遗传资源时有明确的条件和程序可遵循。除非该缔约方另有决定，但是任何制度都必须符合本条所设定的目标和体现的要求。 缔约方在获取其他缔约方遗传资源时有义务遵守提供国关于"事先知情同意"和"共同商定条件"的规定	
第 7 条　与遗传资源相关传统知识的获取	缔约方应酌情采取措施确保土著和地方社区对获取其所拥有的相关传统知识的知情、参与和订立共同商定条件的权利	

《名古屋议定书》条文	缔约方的履约义务	中国立法衔接建议
第8条　特殊考虑	缔约国应适当简化非商业性研究目的的获取程序。 适当注意在人类、动物或植物健康受到迫在眉睫的紧急情况时，是否需要简化程序，采取措施迅速获取遗传资源以及迅速分享所产生的惠益	中国在国内立法中可以规定相关简化程序
第9条　为保护和可持续利用作出贡献	“鼓励”使用者和提供者将相关惠益用于生物多样性保护领域	
第10条　全球多边惠益分享机制	暂无须采取特别措施。缔约方应“考虑”有必要制定一种全球性多边惠益分享机制	中国应密切关注关于“全球多边惠益分享机制”的后续谈判
第11条　跨界合作	缔约方应“酌情努力”合作，分享遗传资源和相关传统知识，并应“酌情努力”在有关土著和地方社区的参与下进行合作	
第12条　遗传资源相关传统知识	缔约方在制定国内法时应考虑到土著和地方社区在与遗传资源相关传统知识方面适用的习惯法、社区议定书和程序	
第13条　国家联络点和国家主管当局	缔约方有国际法义务指定一个或一个以上的获取和惠益分享国家主管当局；指定一个获取和惠益分享国家联络点；可以指定一个实体同时承担国家主管当局和国家联络点职能	
第14条　获取和惠益分享信息交换所和信息分享	缔约方有国际法义务设立获取和惠益分享信息交换所，并在不妨碍保护保密信息的情况下，提交或保证有渠道获取该方面信息	
第15条　遵守有关获取和惠益分享的国家立法或管制要求	缔约方应采取立法、行政或政策措施，确保其管辖范围内利用的遗传资源是依照事先知情同意和共同商定的条件所获取。即获取本国遗传资源时，应当遵守本国的相关规定，获取他国遗传资源时，应当遵守他国的相关规定	
第16条　遵守有关遗传资源相关传统知识的获取和惠益分享的国家立法或管制要求	缔约方应采取立法、行政或政策措施，确保其管辖范围内利用的遗传资源相关传统知识是依照事先知情同意和共同商定的条件所获取。特别应当保证获取时取得了传统知识所述土著和地方社区的事先知情同意	

《名古屋议定书》条文	缔约方的履约义务	中国立法衔接建议
第 17 条　监测遗传资源的利用	缔约方有直接的国际法义务“采取措施”指定一个或多个检查点，收集或接收关于事先知情同意、遗传资源的来源、共同商定条件的订立和关于遗传资源的利用情况信息。同时还可以在共同商定条件中规定获取方汇报的义务。 缔约方应“采取措施”在同意获取遗传资源时签发获取许可证书或等同文件，签发的许可证或等同文件应成为国际公认的遵守证书	
第 18 条　遵守共同商定的条件	缔约方应确保在共同商定的条件引起争议时，能够依据相关规定对其进行纠纷解决或诉诸司法	中国在国内立法中可以规定相关违法行为的处罚措施
第 19 条　示范合同条款	缔约方应“酌情鼓励”就共同商定条件制定、更新及使用部门和跨部门示范合同条款	中国在国内立法中可以规定示范合同模板，以供参考
第 20 条　行为守则、准则和最佳做法和/或标准	缔约方应“酌情鼓励”制定、更新及使用获取和惠益分享方面的自愿行为守则、准则及最佳做法（标准）	
第 21 条　提高认识	缔约方应采取措施（宣传、教育、培训等）提高对于遗传资源和与遗传资源相关的传统知识的重要性以及相关的获取和惠益分享问题的认识	
第 22 条　能力	缔约方应合作进行能力建设、发展能力和加强人力资源和体制能力，帮助发展中国家缔约方、特别是其中的最不发达国家和小岛屿发展中国家以及经济转型国家缔约方有效执行本议定书	中国作为发展中国家，暂无帮助其他缔约方提高能力的国际法义务
第 23 条　技术转让/协作与合作	缔约方应进行技术及科学研究和发展方案协作和合作，包括生物技术研究活动，帮助发展中国家缔约方、特别是其中的最不发达国家和小岛屿发展中国家以及经济转型国家缔约方实现《公约》及本议定书的各项目标	中国作为发展中国家，暂无特别义务进行技术转让或合作
第 24 条至第 36 条	无特别措施。 第 29 条要求，缔约方应对议定书为其规定的各项义务的履行情况进行监测，并应按确定的时间间隔和格式，就其为执行议定书所采取的措施向缔约方大会提交报告	
附件　货币和非货币性惠益	缔约方在国内立法中可以参照附件中的相关规定	

第四节　中国遗传资源获取与惠益分享立法的国内法律衔接研究[①]

《名古屋议定书》要求各缔约方在国内采取立法、行政或政策措施，明确有权参与惠益分享的主体，并可以参照附件所列的惠益形式，制定符合本国国情的惠益分享方式。中国作为《公约》和《名古屋议定书》的缔约国，一直以来高度重视遗传资源相关制度的完善，并积极推进遗传资源及相关传统知识的获取与惠益分享立法。2017 年 3 月 23 日，环境保护部公开《遗传资源获取与惠益分享管理条例（草案）》（征求意见稿）向社会各界征求意见，但目前尚未批准实施。为此，本节内容来自《中国遗传资源获取与惠益分享立法的国内法律衔接研究报告》（报告于 2018 年 8 月完成），该报告梳理了中国遗传资源获取与惠益分享立法现状，分析了该工作和国内现有相关法律法规的交叉衔接问题，并给出了具体的衔接方案和推进完善立法的建议。

一、中国遗传资源相关法制现状

中国除《宪法》外，关于遗传资源（包含遗传资源相关传统知识）保护、获取、惠益分享、进出境等相关法律、行政法规、部门规章，以及地方性法规和其他规范性文件共计 81 部。其中，法律 20 部，行政法规 18 部，部门规章 43 部。其中，与动物遗传资源相关的法律 3 部，行政法规 4 部，国务院部门规章 14 部。与植物遗传资源相关的法律 4 部，行政法规 6 部，国务院部门规章 15 部。与微生物遗传资源相关的行政法规 1 部，国务院部门规章 4 部。与中医药遗传资源相关的法律 2 部，行政法规 3 部，国务院部门规章 1 部。与遗传资源进出境管理相关的法律 2 部，行政法规 2 部，国务院部门规章 7 部。相关法律法规的名称、制定年限等信息在正文表格中均有描述。

总体来看，关于遗传资源和传统知识的管理，中国已经形成了法律体系、管理体制和制度框架。现有立法关于动物、植物等生物资源获取、开发和利用的规定较多。部分法律法规已开始关注部分遗传资源和相关传统知识的获取与惠益分

① 该节内容源于武汉大学完成的《中国遗传资源获取与惠益分享立法的国内法律衔接研究报告》。

享问题。这些都为中国管理遗传资源获取与惠益分享工作奠定了基础。然而显而易见的是，中国当前并没有关于遗传资源获取与惠益分享的专门立法。也可以说，在相关法律体系、管理体制和制度设计等层面，中国现有遗传资源法制还存在诸多空白。

二、中国遗传资源相关法制现状评析

对中国遗传资源相关法制现状进行分析可以发现，中国现有遗传资源法制存在的问题主要表现在以下几个方面。第一，现有立法体系对遗传资源的规定较少。中国现行法律法规主要是关于动物和植物等生物资源的立法，并非专门针对遗传资源的立法，因而缺乏对遗传资源定义、管理体制、法定制度等关键问题的明确规定。关于生物资源的规定虽然可以通过扩大解释等方式适用于遗传资源，但其可适用性依然存在瑕疵。第二，现有管理体制不能适应获取与惠益分享管制的实际需要。关于遗传资源的行政监督管理，中国目前实行的是多部门分工分级负责的体制。生态环境部门综合协调，农业、林草、城建、中医药、海洋等主管部门分别就本部门管辖范围内的遗传资源获取与惠益分享活动进行监督管理；国务院各部委和地方各级相关主管部门对相关事项进行分级管理。此外，教育、卫生、知识产权、工商、海关等多个政府部门和中科院等科研机构也对遗传资源获取与惠益分享享有一定的管辖权。但当前的管理体制存在一定的问题，不能全面适应遗传资源获取与惠益分享管制的实际需要。第三，现有制度框架在惠益分享方面缺乏制度安排。关于惠益分享，《畜牧法》是中国首部涉及遗传资源获取和惠益分享相关问题的法律，农业部也围绕该法制定了若干行政法规。即使如此，中国现行的制度框架仍然不能符合遗传资源获取与惠益分享管制的客观要求，存在较大的漏洞和问题。现行制度只是笼统地管制遗传资源的获取活动，没有对不同类型的开发活动进行区分。而实际上，为科研目的和为商业目的开发利用遗传资源，其管制要求应当是不同的。可以说，现行制度安排与《公约》和《名古屋议定书》中关于获取与惠益分享所要求的“事先知情同意”和“共同商定条件”两项核心制度还相差甚远。

中国当前缺乏一部遗传资源获取管制的基础性、专门性、普适性法律。目前，中国在国家层面正在积极推进遗传资源获取与惠益分享管理专门立法。2017 年 3 月公开的《遗传资源获取与惠益分享管理条例（草案）》（征求意见稿）共 7 章 48 条，主要包括遗传资源的分类管理制度、获取审批制度、惠益分享制度、国际证书制度、出境管制制度以及相关传统知识登记和集体管理制度等。可以看到，

《遗传资源获取与惠益分享管理条例（草案）》是中国首次尝试在遗传资源及相关传统知识的获取与惠益分享领域进行比较全面的立法规定，其关于遗传资源惠益分享制度、国际证书制度、相关传统知识登记和集体管理制度的规定十分及时，对现有立法的空白点是十分有益的补充和细化。

三、遗传资源获取与惠益分享立法和现有立法交叉衔接问题和衔接方案

1. 遗传资源获取与惠益分享立法和现有立法交叉衔接的问题

根据遗传资源获取与惠益分享管理专门立法的目的和主要内容，中国遗传资源获取与惠益分享立法和现有立法的交叉衔接问题主要体现在以下几个方面：遗传资源权属、管理体制、获取审批、惠益分享、出境管理以及与知识产权等相关的制度规定。

（1）生物遗传资源的权属制度

生物遗传资源的权属制度关涉生物遗传资源所有权主体的认定，生物遗传资源的所有权主体在获取与惠益分享活动中享有事先知情同意和惠益分享等多项权利。中国生物遗传资源获取与惠益分享立法需要依据现有的生物遗传资源权属制度设置相关主体的权利义务，明确相关主管部门的权力和责任。生物遗传资源的权属问题是生物遗传资源获取与惠益分享立法与现有立法之间需要衔接的首要问题。但中国宪法和法律法规中没有直接关于生物遗传资源权属的明确规定。

（2）生物遗传资源行政监督管理体制

生物遗传资源行政监督管理体制主要是指与生物遗传资源保护、获取与惠益分享、出境、监督检查等活动相关的行政机构设置及职责划分。清晰的生物遗传资源管理体制有助于明确相关主管部门的权力和责任，这是生物遗传资源获取与惠益分享立法和现有立法之间需要衔接的重要问题。但目前并没有法律、法规就各级生态环境主管部门在生物资源领域的权限与职责划分进行规定。

（3）生物遗传资源获取审批制度

生物遗传资源的获取审批制度主要是指生物遗传资源获取申请的行政主管职责设置、权限划分及相关的程序规定。中国生物资源获取审批主要是通过各级各类行政主管部门通过颁发许可证来实现。获取者只有在获得生物资源获取审批许可后才能被认为其获取行为具有合法性，但是仍应关注其基于何种目的开展的获取审批行为，如果获取行为对象仅及于生物资源本身，则现有生物资源获取审批程序规定即为恰当；如果获取行为对象还及于生物资源中的生物遗传资源部分，

则可能还需要另行获取生物遗传资源获取审批许可。

（4）生物遗传资源惠益分享制度

生物遗传资源的惠益分享制度是生物遗传资源获取与惠益分享立法的关键制度之一，其与生物遗传资源相关利益主体如国家、民族和当地社区、中医药传统知识持有人等是否能够实现公平、公正惠益分享具有紧密联系。中国生物遗传资源获取与惠益分享相关立法需要依据公平公正的原则，在现有生物遗传资源权属制度的基础上明确相关利益主体可能拥有的权利和值得保护的利益，尤其是某些特殊主体的权益，如国家、生物遗传资源最初提供者等。值得肯定的是，目前中国已有 4 部法律法规就惠益分享问题进行初步规定，生物遗传资源获取与惠益分享专项立法和现有立法之间的衔接困难不大，新立法的主要任务是构建更为明确和具有可操作性的惠益分享制度安排。

（5）生物遗传资源的出境管理制度

生物遗传资源的出境管理制度也是生物遗传资源获取与惠益分享立法的关键制度之一，其关涉国家生物遗传资源的主权权利，关涉包括国家在内的各方生物遗传资源权利主体在生物遗传资源国际合作和出境过程中的利益实现。中国现有生物遗传资源相关立法对出境管理的规定相对较多，相关法律法规既有生物资源进出境的专门立法，如《进出境动植物检疫法》《濒危野生动植物进出口管理条例》等，又有涉及生物资源进出境的生物资源单行立法，如《畜牧法》《野生动物保护法》《野生植物保护条例》等，但这些法律法规并未覆盖全部类型的生物遗传资源及相关传统知识。

（6）和知识产权相关的制度

生物遗传资源获取与惠益分享管理和知识产权相关的制度规定主要涉及专利申请过程中生物遗传资源的信息披露、植物新品种保护、惠益分享方案中与知识产权相关的安排等。它和知识产权相关的制度虽然内容不多，但也是生物遗传资源获取与惠益分享立法的关键制度之一，其关涉国家生物遗传资源的主权权利、生物遗传资源全球转移的监测和追踪、生物遗传资源原始提供人惠益分享的权利，也涉及生物遗传资源利用者研究成果的保护。现有的《专利法》及《专利审查指南》已经将生物遗传资源的来源披露纳入相关知识产权申请审查规定中，但由于缺乏与之配套的法律法规，实施效果仍然有限。

2．遗传资源获取与惠益分享立法和现有立法衔接方案

从遗传资源相关法律法规的立法现状和衔接中存在的问题出发，衔接方案的确定既要充分尊重中国遗传资源及相关传统知识现有立法和制度现状，又要充分

考虑中国已有遗传资源相关政策文件对遗传资源获取与惠益分享立法的引导和期待，同时还应当重视《名古屋议定书》等中国已经签订的国际法律文书对缔约方遗传资源立法的要求。

第一，建议进一步完善遗传资源和传统知识权属制度。遗传资源及相关传统知识的权属制度是中国物权法律体系的一部分，属于中国基本经济制度和民事基本制度的一部分，按照《立法法》的规定，相关权属制度只能由“法律”作出规定。而中国当前正在制定的《遗传资源获取与惠益分享管理条例（草案)》，其作为行政法规没有足够的权限明确规定遗传资源及相关传统知识的所有权归属问题。进而建议新条例不直接明确遗传资源和相关传统知识的权属，而是采用相对迂回的方式，通过明确相关主体惠益分享权的形式，达到完善遗传资源和传统知识权属制度的目标。即在条例等行政法规中，通过具体条文明确相关主体（主要涉及遗传资源的所有权主体、原始提供方、直接提供方等）在获取与惠益分享活动中参与分享相关利益的权利。

第二，建议遵照现行遗传资源管理体制。鉴于行政法规的级别较法律低，条例关于遗传资源的管理体制只能遵照现有管理体制，在不改变生物资源相关主管部门管理范围的基础上，强化相关主管部门对遗传资源获取与惠益分享管理的权责。首先，对农业、林草、海洋、工商等相关主管部门的管理范围进行模糊处理，采用“准用性”的法律规则形式，如仅规定“其他有关部门在各自的职责范围内，负责有关遗传资源监督管理工作”。其次，考虑该条例是针对“遗传资源获取与惠益分享管理”的立法，那么关于环境主管部门管理职责的设置应当紧密围绕遗传资源获取与惠益分享管理工作。最后，为应对实践中可能出现的管理空白和交叉管理等问题，建议条例沿用现有规定，建立遗传资源部际协调机制和国家遗传资源专家委员会。

第三，建议便利遗传资源的获取审批。《遗传资源获取与惠益分享管理条例(草案)》作为行政法规，其关于遗传资源获取审批的规定只能遵照现有法律法规已经构建起来的制度体系，在不改变现有遗传资源获取审批制度的前提下，衔接已有规定。考虑到国务院行政法规的级别和建立遗传资源获取审批制度的初衷，建议新条例可以通过明确各方惠益分享的义务，通过落实获取与惠益分享协议关于“共同商定条件”和“事先知情同意”的要求，达到保障遗传资源相关权利人合法权益、防范和应对遗传资源流失和丧失的目的，由此来衔接现有法律法规关于生物资源采集和猎捕的制度规定。

第四，明确遗传资源相关权利主体的利益分享权。建议中国未来立法应当进一步加强对遗传资源相关权利主体利益分享权的规定。通过具体的条文明确规定国家、遗传资源直接提供人、遗传资源原始提供人、传统知识持有人等主体的利益分享权，规定惠益分享协议的主要内容、惠益分享的具体形式和比例等。特别地，建议制定多个版本的“遗传资源获取与惠益分享示范协议”，明确在不同情形下针对不同类型遗传资源的获取，应当签订何种获取与惠益分享协议（包括惠益分享的形式、比例、期限等）。

第五，强化遗传资源的出境检查。中国现有法律法规对遗传资源出境管理的规定大体包括 3 个部分：遗传资源出境审批、遗传资源出境的检验检疫和验放、禁止某些特殊的遗传资源出境等。中国当前已经有较为完善的遗传资源出境申请、审批、检疫和验放制度。获取与惠益分享立法和现有立法在出境管理制度方面的衔接主要是如何在制度基础上构建更为完善的遗传资源出境管理制度，特别是如何建立新的出境管理配套制度，能够为相关主管部门有效追踪监测遗传资源跨境转移和利用提供制度保障。

第六，完善遗传资源相关知识产权配套措施。中国遗传资源获取与惠益分享立法和现有知识产权制度的衔接，首先，应当对知识产权申请过程中相关遗传资源来源披露问题进行规定；其次，应当通过立法引导相关主体加强惠益分享协议对知识产权共享的安排；最后，还应当鼓励中国相关主体对遗传资源进行可持续开发利用，提高自身的知识产权保护能力等。

第四章
地方试点示范

为做好遗传资源和相关传统知识获取与惠益分享工作，ABS 国家项目选择了遗传资源和相关传统知识丰富、试点示范意愿强烈的湖南、广西、云南 3 个省（区）作为项目试点地区。对 3 个省（区）开展了立法实践、遗传资源保护、科学研究、示范协议签署、能力建设等工作，积累了成功经验，取得了显著成效，为 ABS 国家框架构建提供了典型案例，值得其他地区学习和借鉴。

第一节　试点示范经验总结

一、湖南省试点示范项目经验总结

2017 年 4 月，湖南省试点示范项目正式启动“建立和实施遗传资源及其相关传统知识获取与惠益分享的国家框架项目”，选择湘西土家族苗族自治州（以下简称湘西州）的湘西黑猪、黄金茶和毛尖茶作为该项目的 3 个试点物种，主要涉及泸溪、古丈、保靖、永顺 4 个县。通过 5 年实施，湖南省利益攸关方相关的决策能力和执行能力得到提升，湖南省第十三届人民代表大会常务委员会第十九次会议审查批准了《湘西土家族苗族自治州生物多样性保护条例》，部分遗传资源及其栖息地得到保护，初步摸清了湘西自治州代表性遗传资源本底情况，公众意识得到显著提升，为国家建立遗传资源和相关传统知识获取与惠益分享国家框架贡献了“湖南经验”。

1．建立多层级、跨部门协调机制

为做好湖南省试点示范项目（图 4-1），湖南省建立了覆盖省、州两级政府部门的项目指导委员会和项目管理办公室。湖南省试点示范项目指导委员会由省生态环境厅副厅长为主任，湘西自治州常务副州长为副主任。其成员包括省生态环境厅对外合作处处长、自然生态保护处处长、湖南省财政厅相关处室负责人、四个项目实施县常务副县长。湖南省试点示范项目在湘西自治州同样建立了跨部门协调机制，并在州、县两级分别成立了领导小组，相关部门和技术支撑单位是领导小组成员。为湖南省尤其是湘西州开展遗传资源惠益分享等工作奠定了良好的基础。

图 4-1　湖南省试点示范项目启动会

2．颁布实施《湘西土家族苗族自治州生物多样性保护条例》

湖南省试点示范项目湘西自治州项目办公室提出《湘西土家族苗族自治州生物多样性保护条例》（以下简称《条例》）被纳入湘西州立法计划的申请后，湖南省成立了法律文书撰写小组，并聘请该领域权威专家进行指导。《条例》经过三次审议最终于 2020 年 7 月 30 日获省人大批准，自 2020 年 10 月 1 日起施行。该条例是中国第一部地市级生物多样性保护法规。

3．项目有效保护多种遗传资源及其栖息地

湖南省试点示范项目组织开展了湘西州湘西黑猪调查工作，调查发现，湘西黑猪纯种猪群体规模为 11 626 头，其中能繁母猪存栏 2 638 头，种公猪 167 头，湘西黑猪血缘家系达到 15 个，品种逐步提纯复壮，已制作卵母细胞冷冻颗粒 400 颗，冷冻精液 3 000 支；完成了黄金茶、古丈毛尖的老茶园调查（图 4-2），调查发现，保靖县保存完好的古茶园有 7 处，分别为龙颈坳、格者麦、德让拱、库鲁、夯纳乌、团田、冷寨河古茶园，共有 2 057 棵明清以前的古茶树，面积约 1 500 亩[①]，其中最古老的一棵茶树，至今已有 410 多年的历史。古丈县现有茶园总面积达 20 万亩，其中可采摘面积约为 13 万亩，古丈毛尖老茶园 27 处，老茶树 5 100 棵。

图 4-2　项目团队赴古丈毛尖茶叶基地调研

① 1 亩≈666.67 m^2。

第四章　地方试点示范

4．首次开展遗传资源本底调查，初步摸清了湘西州代表性遗传资源本底情况

湖南省试点示范项目对湘西州生物遗传资源进行了调研，涉及湘西黑猪和茶叶两个品别，泸溪、永顺、保靖、古丈 4 个县。2017 年，委托科研机构和专家通过文献检索和问卷调查的方式对湘西黑猪、湘西黄牛等 12 种动物遗传资源和黄金茶等 18 种植物遗传资源进行了调查，2018 年将调查范围扩大到湖南西部，重点调研了浦市铁骨猪、黔邵花猪、芷江鸭、猕猴桃、太平猪、猪血丸子、古丈毛尖及黄金茶等遗传资源及其相关传统知识。项目实施期间，共完成 12 种动物遗传资源、19 种植物遗传资源及 70 多种传统知识的调查工作（图 4-3）。

图 4-3　湖南省试点项目团队赴试点企业调研

5. 开展系列宣传培训活动，被各类媒体报道 50 余次

为提高民众 ABS 意识，湖南省试点示范项目建立了“大手拉小手”的宣传机制，结合“环境卫士名师工作室”“学生三下乡”“环保局长培训班”等活动，开展了进机关、进校园、进社区、进企业、进田间系列宣传培训活动。湖南省项目办公室及湘西州项目办公室在“国际生物多样性日”和“六五环境日”等重要时间节点开展了宣传活动。项目实施期间，受众达 15 000 人，发放宣传手册 22 000 多册。湖南省试点示范项目被湖南日报社新湖南客户端、红网、《潇湘晨报》、湖南省生态环境厅官方网站和微信公众号等多家媒体宣传报道 50 余次。湖南省试点示范项目影响力不断扩大，公众的遗传资源保护意识得到显著提升（图 4-4～图 4-6）。

图 4-4　项目 2019 年国际生物多样性日宣传活动

图 4-5　2020 年国际生物多样性日宣传活动

图 4-6　项目遗传资源宣传手册

二、广西壮族自治区试点示范项目经验总结

全球环境基金“建立和实施遗传资源及其相关传统知识获取与惠益分享的国家框架项目”广西壮族自治区试点示范项目自2016年开始，建立了多层级、多部门共同管理的项目管理架构，开展了大量基线调查、遗传资源保护、宣传培训等工作。在此基础上，广西壮族自治区在全国率先颁布实施了《广西壮族自治区生物遗传资源及其相关传统知识获取与惠益分享管理办法（试行）》，推动企业与地方社区/居民进行惠益分享，提高了公众对遗传资源及其相关传统知识的保护意识，为推动遗传资源及其相关传统知识的获取与惠益分享国家框架的构建提供了“广西样板”。

1．建立多层级、多部门参与的管理机制

在ABS国家项目指导下，广西成立了广西示范项目指导委员会，下设广西项目管理办公室，分别在桂林市和防城港市生态环境局设立市级项目办公室，在桂林市荔浦生态环境局、桂林市龙胜生态环境局、防城港市防城生态环境局设立县级项目办公室，协助开展项目各项工作。项目实施期间，广西壮族自治区试点示范项目与区内外50余家单位开展了合作，范围涉及政府部门、高校、科研院所和私营部门等（图4-7）。

图4-7　广西壮族自治区试点示范项目启动会

2．开展遗传资源及相关传统知识基线调查，初步构建遗传资源及相关传统知识信息数据库

广西壮族自治区试点示范项目组织区内16家机构的20多位专家成立了遗传资源调查专家组，开展了基线调研工作，并编写了《广西生物遗传资源本底与开发利用现状调查及管理需求研究报告》。该调查涉及广西30种典型遗传资源，调查重点是罗汉果和金花茶两个物种。在此基础上，专家组进一步对遗传资源和相关传统知识的获取与惠益分享情况开展调研，编制了《广西传统知识词条编目报告（250条）》《广西传统知识案例调查报告（20例）》《传统知识调查与能力需求评估子项目报告》。同时，广西壮族自治区试点示范项目申请、利用财政配套资金，进一步收集了广西500多种遗传资源数据及近300条相关传统知识条目，建立了基于 ArcGIS 的地理数据信息数据库，并分析了广西传统知识属性、保护与利用现状、案例重要性等情况，为许多将近消失的传统知识的继承和发扬提供了科学指导（图4-8、图4-9）。

图4-8　广西项目专家组赴示范物种基地调研

图 4-9　广西项目传统知识基线调研

3．推动了广西遗传资源获取与惠益分享管理办法落地，成为全国该领域首个省级规范性文件

广西壮族自治区试点示范项目支持完成了《广西壮族自治区生物遗传资源及其相关传统知识获取与惠益分享管理办法（试行）》（征求意见稿）。该管理办法在多轮意见征询和修改后，经自治区人民政府审批，于 2021 年 9 月 24 日由自治区生态环境厅颁布实施。《广西壮族自治区生物遗传资源及其相关传统知识获取与惠益分享管理办法（试行）》是全国首个省级生物遗传资源及其相关传统知识获取与惠益分享方面的规范性文件，标志着广西生物遗传资源及其相关传统知识获取与惠益分享工作步入规范化、法制化轨道。

4．促进企业与地方社区/居民的惠益分享，签署 10 份惠益分享协议

在 ABS 国家项目专家的指导下，广西壮族自治区试点示范项目办公室多次组织前期调研和谈判，参照国家项目管理办公室提供的惠益分享协议范本，结合本地区的实际情况选择了惠益分享示范企业，促成该地区企业与地方社区/居民签订

了 10 份惠益分享协议，同时指导示范企业按照协议开展相关惠益分享活动，取得丰硕成果（图 4-10）。

图 4-10　广西项目办公室赴示范企业指导惠益分享工作

5．开展遗传资源保护，有效保护金花茶、罗汉果野生种植资源

为提高广西生物遗传资源及其相关传统知识的保护和传承，广西壮族自治区试点示范项目积极推动遗传资源保护工作，取得了一系列成果，包括建立 20 个金花茶保护点并签订了三方保护协议；建立金花茶（约 1 500 m^2）和罗汉果种苗基地（约 2 000 m^2）；实现金花茶野外回归约 12 000 株；建立面积为 400 m^2 的罗汉果种质资源保存室 1 个，种质资源圃 20 亩；建立遗传资源及其相关传统知识数据库；将生物遗传资源和传统知识获取与惠益分享列入广西发展规划强桂建设推进计划（广西社会经济发展计划）；在多方推动下，金花茶组野生植物于 2021 年 9 月列入《国家重点保护野生植物名录》，保护级别为国家二级（图 4-11）。

图 4-11　广西项目金花茶保护点设立

6. 组织系列意识提升活动，公众意识显著提升

广西壮族自治区试点示范项目组织了一系列的研讨、培训活动，经初步统计，组织省内外调研近 20 次，组织参加会议、培训及考察 15 次，累计组织培训 1 500 余人，参与机构达 200 多家，制作了 2 部 ABS 宣传动画片，1 部成果宣传片，在广西壮族自治区生态环境厅网站下设置了 ABS 宣传专栏，在国际生物多样性日、环境日等重要节日，在多个城市的校园、企业、居民小区、农村社区、风景名胜区、客运站等场所，通过现场讲解、张贴海报、培训讲座等形式开展了系列宣传活动，发放宣传材料共约 3 200 份，线上线下参与人员达 1 万余人（图 4-12～图 4-15）。

图 4-12　广西项目部分会议和培训

图 4-13　广西项目在各市/县开展 ABS 宣传活动

图 4-14　广西项目办在相关社区/学校开展 ABS 宣传活动

图 4-15　广西项目各种线上平台宣传页面

三、云南省试点示范项目经验总结

全球环境基金“建立和实施遗传资源及其相关传统知识获取与惠益分享的国家框架项目”云南省试点示范项目自 2016 年开始，经过六年多的努力，取得了显著成效，为探索、建立、实施 ABS 制度提供了“云南方案”。

1．推动省级法规将获取与惠益分享作为独立章节，促进市级专项管理办法出台

在 ABS 国家项目的支持下，云南省试点示范项目推动将“公众参与和惠益分

享”作为《云南省生物多样性保护条例》的独立章节。其中，第 34 条规定了县级以上人民政府应当建立健全生物遗传资源及相关传统知识的获取与惠益分享制度，公平、公正地分享其产生的经济效益。研究建立生物多样性保护与减贫相结合的激励机制，促进地方政府及基层群众参与分享生物多样性惠益。这使建立健全生物遗传资源及其相关传统知识的获取与惠益分享机制，做到有法可依。《云南省生物多样性保护条例》（图 4-16）是全国首个省级生物多样性省级法律法规，将“公众参与和惠益分享”作为独立章节，对全国其他省区颁布响应的政策发挥具有很高的参考价值。此外，云南省试点示范项目推动建立了地方政府规章——《西双版纳傣族自治州生物遗传资源获取与惠益分享管理暂行办法》，为西双版纳州遗传资源获取与惠益分享的监管提供了法律保障，提升了当地保护生物多样性的能力。

图 4-16 《云南省生物多样性保护条例》

2．数百种傣药名录物种信息数据得到收集，逾百种傣医药遗传资源得到保护

云南省试点示范项目组织开展了西双版纳州国家级自然保护区内傣药名录物种调查，完成 372 种带药名录物种的生境、主治、用量、分布等信息数据收集；实施了西双版纳州景洪市勐罕镇曼远村佛寺药园项目。该项目培育和保护傣药珍贵药材，应用傣族传统方式，开展了雨林植物迁地保护、繁育和傣医药传承研究等工作，有效地保护了佛寺药园里种植的 120 多种 3 000 多株傣药植物；建立了傣族竜山保护小区，面积为 40 余亩，保护了有几百年历史的野生芒果林和箭毒木等遗传资源（图 4-17）。

3．多轮协商沟通，促成多份惠益分享协议签署

云南省试点示范项目探索编制了符合云南省省情的生物遗传资源、传统知识获取与惠益分享协议模板，通过与地方社区、传统知识传承人及企业进行多轮协商和沟通，促成了多份遗传资源及传统知识获取与惠益分享协议的签订和实施，惠益了当地社区居民（图 4-18）。

图 4-17　云南项目雅解傣药堂与岩罕勒签订 ABS 协议

图 4-18　云南项目诺维信与曼糯村签订 ABS 协议

4. 意识提升活动带动观念转变，项目成果在国际舞台进行了展示

项目在云南景洪组织了进学校、进社区、进机关系列宣传活动，在云南昆明开展了“生物多样性保护及遗传资源惠益分享——科学家进校园”等宣传教育活动，参加活动总人数达 2.7 万人。通过此类活动使当地居民产生了从没听说过惠益分享到熟知惠益分享的理念，再到积极参与惠益分享协议签署的转变。此外，云南试点示范项目利用联合国《公约》第十五次缔约方大会第一阶段会议在昆明召开的地缘优势，成功申请作为云南省保护生物多样性的成功案例在 COP15 线下展览进行了展示，吸引了众多国际国内与会者的观看（图 4-19～图 4-22）。

图 4-19　云南项目社区居民培训

图 4-20　云南项目学校培训

图 4-21　云南项目党校培训

图 4-22　云南项目 COP15 展览展示 ABS 成果

第二节　立法实践

为推动地方立法工作，ABS 国家项目委托科研机构编制了《遗传资源获取与惠益分享地方立法指南》（见附件 2）。在各方的共同努力下，3 个省（区）在立法方面均取得了显著成效。湖南省的湘西土家族苗族自治州于 2020 年 10 月颁布了《湘西土家族苗族自治州生物多样性保护条例》，广西壮族自治区于 2021 年 9 月发布实施了《广西壮族自治区遗传资源及其相关传统知识获取与惠益分享管理办法（试行）》，云南省西双版纳傣族自治州于 2021 年 6 月审议通过了《西双版纳傣族自治州遗传资源获取与惠益分享管理暂行办法》。在推动这些法律法规颁布实施的过程中，3 个省（区）均积累了丰富经验，可为全国其他省（自治区、直辖市）、自治州和自治县提供借鉴与参考。

一、湖南立法实践

推动纳入立法计划。湖南省试点示范项目根据与 ABS 国家项目达成的协议规定，申请将包含了遗传资源和相关传统知识获取与惠益分享的《湘西土家族苗族自治州生物多样性保护条例》纳入湘西州立法计划。2017 年 5 月 19 日，湖南省试点示范项目向湘西州人大常委会进行了专题汇报，副主任主持会议，州相关职能部门代表参加了会议。

支持成立法律文书撰写组。湖南省试点示范项目于 2017 年组建了《湘西土家族苗族自治州生物多样性保护条例》法律文书撰写组，负责法律文书撰写，同时聘请了国内知名专家进行指导与咨询。其间多次组织专家前往湘西州指导法律文书撰写及立法试点相关工作，并组织召开了 2 次专题论证会。

进行系统论证与全面的意见征求。在湖南省试点示范项目的支持下，2018 年法律文书撰写组完成了《湘西土家族苗族自治州生物多样性保护条例（草案）》[以下简称《条例（草案）》] 文本，多次召开专题会议进行论证，征求了州人大法制委、城环委、州司法局及州直相关部门意见。2019 年 5 月，通过书面形式征求了自治州 8 县市人民政府和州直相关单位的意见。5 月 8 日，召开州直相关部门和试点项目县企业、社区代表的征求意见会。5 月 23 日，再次召开州直相关部门征求意见会。7 月 3 日，州司法局与州生态环境局主持召开《条例（草案）》听证会，吸收采纳各方意见后形成了《条例（草案）》送审稿。

《条例（草案）》获批，成为全国首部地市级生物多样性保护地方性法规。在湖南省试点示范项目的推动下，2019 年 8 月 23 日，湘西州人民政府召开常务会议通过了《条例（草案）》。2019 年 10 月，《湘西土家族苗族自治州生物多样性保护条例》通过州人大第一次审议。2020 年，《条例（草案）》经过进一步的修改完善，分别通过了州人大第二次审查和第三次审查，并于 2020 年 7 月 30 日获省人大正式批准，于 2020 年 10 月 1 日起施行。《湘西土家族苗族自治州生物多样性保护条例》（见附件 4）是中国第一部地市级生物多样性保护地方性法规，为湘西州遗传资源及其相关传统知识的保护和获取与惠益分享提供了法律依据。

二、广西立法实践

支持开展了系统的需求调研和分析。2018 年 5 月，在广西壮族自治区试点示范项目的推动下，广西生态环境厅组织立法顾问团队、专家前往桂林、防城港市等地区进行了立法调研。调研对象涉及相关政府部门、企事业单位等。通过调研，全面掌握了遗传资源管理者、使用者、提供者的需求。

开展了系统论证与意见征询。广西壮族自治区试点示范项目根据国家对生物遗传资源及其相关传统知识的保护政策，结合广西实际，2019 年 9 月支持完成了《广西壮族自治区生物遗传资源及其相关传统知识获取与惠益分享管理办法（征求意见稿）》[以下简称《管理办法（征求意见稿）》]；2019 年 10 月—2020 年 12 月，《管理办法（征求意见稿）》先后征求社会公众、科研机构、农户等利益相关方代表意见，多轮次征求了 14 个设区市人民政府和 12 个自治区有关部门（单位）的意见，并多次报广西生态环境厅法规处审查。《管理办法（征求意见稿）》审查通过后，于 2020 年 12 月 18 日形成《管理办法（送审稿）》。2020 年 12 月 21 日，《管理办法（送审稿）》经广西生态环境厅厅务会审议通过；2021 年 2 月 22 日，将《管理办法（送审稿）》上报自治区人民政府（桂环报〔2021〕19 号）。

自治区领导高度重视，多次审查和审定。2021 年 3—8 月，《管理办法（送审稿）》先后经自治区人民政府办公厅、自治区人民政府意见，并向自治区人民政府进行了专题汇报，自治区分管副主席亲自听取汇报，提出了指导意见。2021 年 9 月 3 日，自治区人民政府办公厅复函建议将文件名称改为《广西壮族自治区生物遗传资源及其相关传统知识获取与惠益分享管理办法（试行）》，呈自治区领导审定后，请自治区生态环境厅再次校核后印发实施。2021 年 9 月 24 日，经自治区人民政府同意，《广西壮族自治区生物遗传资源及其相关传统知识获取与惠益分享管理办法（试行）》（见附件 5）由自治区生态环境厅颁布实施（图 4-23）。

图 4-23　广西壮族自治区项目管理办法制定过程工作

三、云南立法实践

2021 年 6 月 22 日，云南省西双版纳傣族自治州人民政府常务会审议通过了《西双版纳傣族自治州生物遗传资源获取与惠益分享管理暂行办法》。《西双版纳傣族自治州生物遗传资源获取与惠益分享管理暂行办法》立法的主要实践经验如下。

成立州生物多样性保护委员会，为立法提供了组织保障。在云南省试点示范项目的推动下，西双版纳州于 2017 年成立了西双版纳州生物多样性保护委员会，由副州长为主任，环境、科技、森林、国土、水利、农业、林业等多个行政管理部门主要负责同志为成员。该委员会的职能之一即为“研究制定生物多样性保护政策措施”。这为开展生物遗传资源获取与惠益分享法制建设实践提供了跨部门组织机构保障。

支持开展了可行性研究，为立法提供了科学支撑。2018 年 1 月，云南试点示范项目启动了西双版纳州遗传资源获取与惠益分享管理制度建设可行性调研；5 月，完成了建立管理制度的可行性方案；7 月，召开了调研报告专家评审会；8 月，云南省试点示范项目管理办公室组织西双版纳州人大环资委、州政府法制办等赴湖南省开展立法调研学习；8 月底完成了 ABS 管理制度可行性调研报告。

支持开展了系统性论证，确保了法律文本科学权威。2019 年，在云南省试点示范项目支持下，云南省生态环境对外合作中心与地方相关部门在可行性调研报告的基础上，经过与西双版纳州政府法制办、法工委、自然资源、质量监督、海关等部门15名专家多轮次讨论修改，明确了建立ABS地方性法规的事宜。2020年，以武汉大学为主的项目研究团队经过理论研究和实地调研，初步完成《西双版纳傣族自治州生物遗传资源获取与惠益分享管理办法（草案）》。6月，召开线上线下论证会，生态环境部对外合作与交流中心、南京环境科学研究所、武汉大学等机构领导专家通过视频会议形式，西双版纳州人大、林草、农业农村和商务等20个部门通过线下会议方式参与了论证，通过了《西双版纳傣族自治州生物遗传资源获取与惠益分享管理办法》第三次修改稿。2021年，云南省、西双版纳州相关部门通力协作配合，经过多次专家论证会议，形成了《西双版纳傣族自治州生物遗传资源获取与惠益分享管理办法》终稿。

推动立法严格快速审批。在云南省试点示范项目的支持下，2021年5月6日，《西双版纳州生态环境局关于呈报西双版纳州生物遗传资源获取与惠益分享暂行办法（送审稿）的请示》（西环报〔2021〕31号）正式上报西双版纳州人民政府，经西双版纳州人民政府审批，更名为《西双版纳傣族自治州生物遗传资源获取与惠益分享管理暂行办法》。6月22日，西双版纳傣族自治州人民政府常务会审议通过了《西双版纳傣族自治州生物遗传资源获取与惠益分享管理暂行办法》（见附件6）。

推动将遗传资源惠益分享作为独立章节纳入《云南省生物多样性保护条例》。云南省试点示范项目提出的将"公众参与和惠益分享"作为《云南省生物多样性保护条例》独立章节的建议得到采纳。在2019年1月1日正式实施的《云南省生物多样性保护条例》中，设立"公众参与和惠益分享"专章，其中，第33条规定："县级以上人民政府及其环境保护、林业、农业、卫生、文化等行政主管部门应当加强与生物多样性保护相关的传统知识、方法和技能的调查、收集、整理、保护。"第34条规定："县级以上人民政府应当建立健全生物遗传资源及相关传统知识的获取与惠益分享制度，公平、公正分享其产生的经济效益。研究建立生物多样性保护与减贫相结合的激励机制，促进地方政府及基层群众参与分享生物多样性惠益。"这为云南省开展遗传资源及相关传统知识的获取与惠益分享工作提供了法律保障。

第三节　企业社区示范协议

为推动遗传资源及相关传统知识获取与惠益分享，ABS 国家项目和 3 个试点示范项目共同推动该地区内企业、科研机构与社区（个人）共签订了 17 份 ABS 协议，在促进遗传资源获取与惠益分享的同时，发挥了保护遗传资源和相关传统知识的作用。这些 ABS 示范协议将为遗传资源相关领域的企业、科研机构、地方社区开展惠益分享提供重要参考。

一、示范协议清单

ABS 国家项目及其试点示范项目签订的 17 份 ABS 协议涉及化妆品、保健品、食品、农业、医药等行业，由于协议内容较多，本部分仅整理了示范协议的使用者、提供者、涉及行业和试点地区等内容，如表 4-1 所示。

表 4-1　示范协议模板

序号	遗传资源类别	行业	提供者	使用者	试点区域
1	黄金茶鲜叶	保健品	湖南保靖县吕洞山镇黄金村	湖南保靖黄金茶优先公司	湖南省湘西土家族苗族自治州
2	猕猴桃	食品	湖南凤凰县腊尔山镇	湘西老爹生物有限公司	湖南省湘西土家族苗族自治州
3	古丈毛尖鲜叶	保健品	湖南古丈县古阳镇排茹村	湖南英妹子茶业科技有限公司	湖南省湘西土家族苗族自治州
4	古丈毛尖鲜叶	保健品	湖南古丈县古阳镇梳头溪村	湖南英妹子茶业科技有限公司	湖南省湘西土家族苗族自治州
5	湘西黑猪	农业/食品	湖南泸溪县潭溪镇潭溪社区居民委员会	泸溪辛女食品有限公司	湖南省湘西土家族苗族自治州
6	湘西黑猪	农业/食品	永顺县高坪乡高坪村	湘西芙蓉资源农业科技优先公司	湖南省湘西土家族苗族自治州
7	罗汉果	保健品	恭城瑶族自治县西岭镇岛坪村民委员会	桂林吉福思罗汉果生物技术股份有限公司	广西壮族自治区桂林市

序号	遗传资源类别	行业	提供者	使用者	试点区域
8	罗汉果	保健品	桂林市临桂区中庸镇三联村民委员会	桂林吉福思罗汉果生物技术股份有限公司	广西壮族自治区桂林市
9	罗汉果	保健品	桂林市临桂区宛田瑶族乡庙坪村民委员会	桂林吉福思罗汉果生物技术股份有限公司	广西壮族自治区桂林市
10	罗汉果	保健品	龙胜各族自治县龙胜镇金结村村民委员会	桂林吉福思罗汉果生物技术股份有限公司	广西壮族自治区桂林市
11	金花茶	保健品	韦军堂（自然人）	广西中港高科国宝金花茶产业有限公司	广西壮族自治区防城港市
12	金花茶	保健品	防城港市富新金花茶种植专业合作社	广西桂人堂金花茶产业集团股份有限公司	广西壮族自治区防城港市
13	土壤样品	微生物	景洪市大渡岗乡大荒坝村民委员会	诺维信（中国）投资有限公司、江南大学	云南省西双版纳州
14	发酵食品	微生物	景洪市大渡岗乡大荒坝村民委员会	诺维信（中国）投资有限公司、江南大学	云南省西双版纳州
15	傣药	中医药	岩罕勒（自然人）	云南雅解傣药堂科技有限公司	云南省西双版纳州
16	傣药	中医药	岩哈。景洪市勐罕镇曼累讷村委会曼远村民小组	北京植物医生生物科技有限公司	云南省西双版纳傣族自治州
17	勐腊毛麝香植物	中医药	迁周、杨君。云南省西双版纳傣族自治州勐腊县勐仑镇大卡寨村	北京植物医生生物科技有限公司	云南省西双版纳傣族自治州

二、典型案例

为更好地展示遗传资源和相关传统知识获取与惠益分享试点示范协议的情况，本部分选取了6个典型案例进行展示。

1．湖南英妹子茶业科技有限公司案例

湖南英妹子茶业科技有限公司（以下简称英妹子公司）是以古丈毛尖茶叶种植、加工生产、贸易销售、农业产业开发、乡村旅游为主导，一二三产业融合发展的“湖南老字号”企业。英妹子公司全程参与实施试点示范项目，在湖南省试点示范项目管理办公室和专家的指导下，在古丈毛尖遗传资源保护和惠益分享方面取得了积极成效。主要做法包括以下 4 个方面：

（1）开展系统调查，制定惠益分享实施方案

英妹子公司对古丈毛尖遗传资源开展较细致的实地调研、收集整理、建档工作，制定了与古丈毛尖遗传资源及其相关传统知识惠益分享的实施方案，提出古丈毛尖惠益分享有关实施措施和政策建议。通过实地调研，确认古丈毛尖原产地小叶种古茶园 27 处，原种古茶 5 100 株，设立遗传资源保护示范园 3 处。

（2）建设“两园一圃”，投入资金保护遗传资源

英妹子公司先后投入近 200 万元资金，开展“两园一圃”的建设。建成 2 处共 207 亩古丈毛尖野生茶品改选育推广示范园，培育原产地群体小叶种茶苗 1 500 万株；建成古丈原产地群体小叶种野生茶树资源科普园，主要用于科普宣传；建成了古丈原产地群体小叶种野生茶树原种资源（母本）圃，抢救性移栽保护野生茶树资源 247 株。

（3）签署惠益分享协议，有效保护和传承传统知识

在生物遗传资源获取与惠益分享方面，该公司主要做了以下 3 个方面的工作：

①与古丈县的排茹村、官坝村、梳头溪、长潭村、石门寨村柑子坪 5 个村签订遗传资源及其相关传统知识获取与惠益分享协议；

②与古丈县 3 个镇 11 个行政村 56 个自然寨的 517 户精准扶贫户建立了产业帮扶关系；

③对当地传统知识的挖掘传承，还原古丈毛尖红茶的传统工艺，保护和传承了相关传统知识（图 4-24）。

（4）发挥公司营销优势，全过程、全方位、多渠道开展培训

英妹子公司通过抖音、微信、快手等新媒体拍摄制作宣传视频 212 篇，利用公司文化旅游体验区和营销体系，接触产业联盟网络，对北京、上海等省（市）18 个工厂店营销处和 217 个经销商，进行了大规模 ABS 培训和宣传，累计培训茶农和销售人员逾 500 人次，发放培训宣传资料 2 000 余份。

图 4-24　古丈毛尖茶传统加工工艺

2. 湘西州泸溪辛女食品有限公司案例

湘西州泸溪辛女食品有限公司（以下简称辛女公司）是湘西自治州农业产业化龙头企业，专门从事浦市铁骨猪养殖、加工和营销。辛女公司是湖南省试点示范项目的试点企业之一，全程参与湖南省试点示范项目的宣传培训、惠益分享协议的签署等工作，在湖南省试点示范项目的指导和支持下，在遗传资源保护等方面取得了一定成效。辛女公司的主要做法包括：

（1）建立养殖基地，多途径保护遗传资源

据 2006 年第二次畜禽遗传资源普查统计，湘西州湘西黑猪（浦市铁骨猪）品种一度处于濒危边缘。辛女公司先后筹集资金 650 万元建立了 2 个浦市铁骨猪养殖基地（泸溪县潭溪现代农业科技示范园浦市铁骨猪养殖基地、泸溪县武溪镇军亭界浦市铁骨猪保种养殖基地），目前辛女公司存栏母猪已从 2006 年的 5 头发展到现在的 105 头。2020 年辛女公司同当地畜牧部门合作，共同为国家种质资源库提供了浦市铁骨猪猪种，并提供了卵母细胞冷冻颗粒和冷冻精液，有效保护了湘西黑猪（浦市铁骨猪）遗传资源。

（2）建立共赢模式，精准帮扶贫困农户

辛女公司建立了“公司+基地+农户”运营模式，辐射浦市镇、武溪镇、洗溪镇、兴隆场镇、潭溪镇等600余户“建档立卡”贫困户，以泸溪县浦市铁骨猪生态养殖示范园为核心，按照“统一饲养模式、统一疫病防控、统一加工销售”三统一原则，把铁骨猪猪苗发放给有养殖意愿和有劳动能力的建档立卡贫困户，与他们签订委托饲养和保底收购协议。同时，为更好地服务贫困户饲养，辛女公司对贫困户养殖和技术服务情况实行“一户一册一登记”，进行饲养技术统一指导，无偿提供养殖和疫病防控的全程技术服务。

（3）开展惠益分享，开展帮扶合作

在实践生物遗传资源获取与惠益分享方面，辛女公司主要开展了2个方面工作：①与泸溪县潭溪镇潭溪社区、泸溪县武溪镇峰子岩村2个行政村签订了遗传资源及其相关传统知识获取与惠益分享协议；②与泸溪县武溪、潭溪、洗溪、兴隆场、浦市5个镇8个行政村的602户精准扶贫户建立了产业帮扶关系。

3．桂林吉福思罗汉果生物技术股份有限公司案例

广西桂林吉福思罗汉果生物技术股份有限公司（以下简称吉福思公司）自2019年成为广西壮族自治区试点示范项目试点示范企业。吉福思公司利用传统罗汉果栽培品种和野生种质杂交获得4个罗汉果优质品种，在广西壮族自治区试点示范项目的指导下，成功开展了遗传资源的获取与惠益分享，兼顾了使用者和提供者的利益，实现各利益相关方的互利共赢。主要做法如下：

（1）培育优质品种，主动提供种苗给社区农户

吉福思公司利用野外采集、收集已有罗汉果栽培株系等方式，培育了易栽培、易管理、产量高、品质好的“大地”系列4个罗汉果品种。2019年12月—2020年5月吉福思公司通过组织培养方式繁育种苗约250万株，并将这些“大地”系列罗汉果种苗提供给罗汉果原产地及主产区的社区、农户。

（2）建立农企共赢模式，带动农户增产增收

吉福思公司在罗汉果产区以“订单种植、最低保护价收购”的订单农业方式与农户合作，以“公司+专业合作社+基地+农户”利益联结体方式组织罗汉果原料基地生产。2020年吉福思公司在罗汉果产区支付罗汉果原料收购额较上年度增长79.68%，与市场价相比，以产业化订单报价收购罗汉果额外带动农户增收1 500万元。

（3）创新栽培管理新技术，免费提供技术指导

2020年吉福思公司在临桂区、永福县、龙胜县等罗汉果主产区建立了罗汉果标准化示范种植基地，面积为100亩。示范种植基地为农户示范罗汉果栽培管理

新技术，推广晚种密植、标准化种植、水肥体化、生物防治病害等系列高效栽培管理技术，并免费提供线上、线下的技术指导。

（4）签订最低保护价订单合同，最大程度保证贫困农户利益

吉福思公司与当地农户构建紧密的合作关系。2019 年 12 月—2020 年 5 月，吉福思公司与 3 000 多户农户签订了罗汉果最低保护价订单回收合同。合同涉及 14 个县（区）、200 多个村（其中约 22 个村属于贫困村），带动 30 多个罗汉果专业合作社、3 000 多户农户种植罗汉果并建立了紧密的合作关系（图 4-25）。

图 4-25　罗汉果鲜果收购

（5）签订惠益分享协议

在广西壮族自治区试点示范项目的指导下，2019 年 12 月至 2020 年 11 月，吉福思公司与罗汉果遗传资源来源地签订罗汉果获取与惠益分享的协议。协议规定了吉福思公司以低于市场价的价格为农户提供罗汉果种苗、免费培训、技术指导等服务；当地村民按公司要求的质量和数量生产罗汉果；村民生产的罗汉果鲜果按约定的最低保护价由吉福思公司收购。

4．广西中港高科国宝金花茶产业有限公司案例

广西中港高科国宝金花茶产业有限公司（以下简称中港高科）自 2019 年成为广西壮族自治区试点示范项目试点示范企业，在广西壮族自治区试点示范项目的

指导下，依托"公司+基地+农户"惠益分享模式，实现了金花茶遗传资源的获取与惠益分享，让农户和地方村委从中受益（中港高科给协助管护金花茶的地方村委支付管护费用），助力了山区金花茶产业脱贫减贫工作。主要做法如下：

（1）加强金花茶育苗能力，免费向农户提供优质种苗

中港高科持续提升金花茶规模化育苗能力，不断扩大金花茶人工栽培面积，实现了野生种质资源的保护。在广西壮族自治区试点示范项目的引导下，中港高科将种苗基地培育的约 2 000 株优质金花茶种苗免费发放给当地农户。

（2）保价回收金花茶各类原料，为农户开展种植管理培训

为保护当地农户利益，中港高科坚持按照市场（保护）价回收农户的金花茶鲜花朵原料、鲜叶原料和扦插育苗用的金花茶种苗枝条，并不定期组织开展种植农户种植管理培训。在广西壮族自治区试点示范项目实施期间，中港高科累计给金花茶种植农户支付 60 万余元，开展了两场培训，直接培训人员约 200 人。

（3）开展金花茶野外科学回归

在广西壮族自治区试点示范项目管理办公室的引导下，中港高科开展了金花茶的野外回归活动，补充了野外金花茶的数量，保护了金花茶遗传资源。通过开展金花茶遗传资源获取与惠益分享工作，中港高科带动防城港大菉镇、那梭镇、那良镇、华石镇、扶隆乡等金花茶种植农户实现了收入提高（图 4-26）。

图 4-26　防城港居民 ABS 社区能力建设及意识提升

5. 云南雅解傣药堂科技有限公司案例

云南雅解傣药堂科技有限公司（以下简称雅解公司）在云南省试点示范项目和政府部门的帮助下，经过数月沟通和磨合完成了傣医药获取与惠益分享协议谈判工作，签订达成国内第一份傣医药获取与惠益分享合同。该案例主要做法如下：

（1）聚焦傣医药传统知识，开展传统知识获取与惠益分享工作

认识到傣医药学的保护、传承与发展不乐观，传统知识缺乏传承人，一些宝贵的傣医药随着老傣医的去世也将遗失的状况，雅解公司聚焦傣医药开展保护活动，通过遗传资源及其相关传统知识获取与惠益分享的形式保护傣医药。

（2）参照标准协议模板，保护傣医药传承人利益

雅解公司参照云南省试点示范项目提供的协议模板，与傣医药传承人签订了遗传资源及其相关传统知识的获取与惠益分享协议。协议明确了双方在参与合作、信息技术分享、研究成果和知识产权以及商业利润分享方面的权利和责任，保护了傣医药传承人的利益。

（3）签订汉傣双语协议，消除傣医药传承人语言障碍

雅解公司考虑到傣医药提供方往往更熟悉傣族语言文字的情况，按照汉语协议翻译了傣汉双语惠益分享协议，使傣医药提供方更清楚地了解了协议细节，消除了可能存在的语言障碍（图 4-27）。

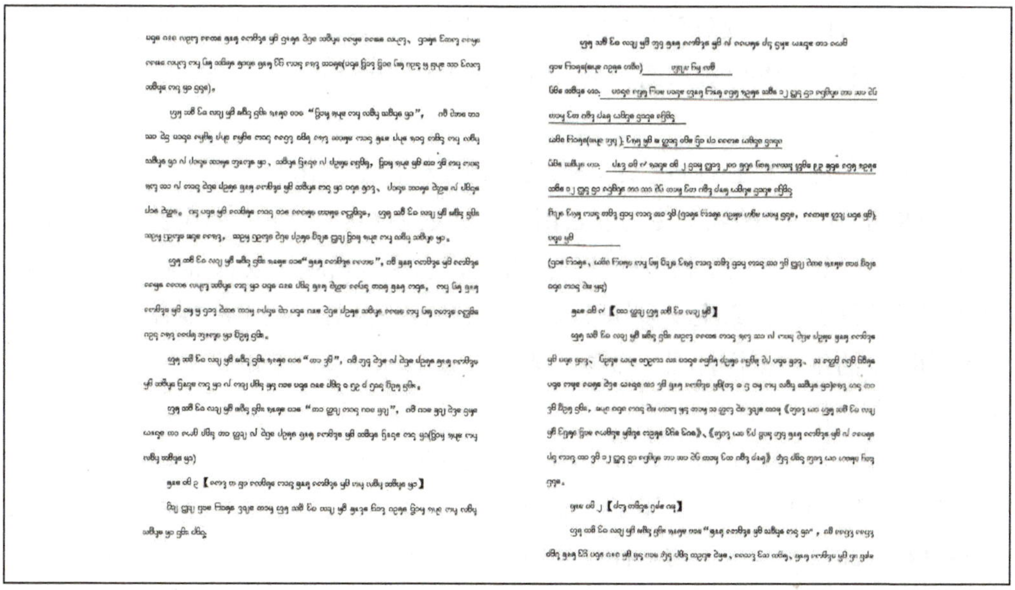

图 4-27　傣语合同（部分）

6. 北京植物医生生物科技有限公司支持社区生物多样性保护行动案例

北京植物医生生物科技有限公司（以下简称植物医生）于2018年成为云南省试点示范项目试点企业。在云南省试点示范项目和政府部门的帮助下，植物医生在云南省西双版纳傣族自治州与曼远村、大卡老寨签订了遗传资源和相关传统知识获取与惠益分享协议。案例主要做法如下：

（1）借助已有项目，保护傣医药遗传资源

植物医生参与西双版纳州景洪市勐罕镇曼远村佛寺药园项目，通过培育保护傣药珍贵药材、应用傣族传统方式开展雨林植物迁地保护和繁育，以及开展傣医药传承研究等活动，有效地保护了佛寺药园里种植的傣医药120多种3 000多株傣药遗传资源。

（2）扩大保护和修复范围，保护珍稀遗传资源

植物医生利用“生物多样性—高山植物保护行动”支持云南省少数民族社区开展生物多样性保护工作。在傣族竜山建立了占地40多亩的保护小区，有几百年历史的野生芒果林和箭毒木等被保护；2020年，植物医生新增保护傣药南药、药食两用植物33种、1 155株，计划在曼远村修复和保护热带雨林90亩，在丽江市玉龙县鲁甸乡修复和保护热带雨林5 500亩。

（3）建立科研项目基地，开展恢复性种植研究

2020年6月，植物医生在西双版纳大卡老寨正式建立“跳蚤草项目基地”，基于跳蚤草有防蚊、预防登革热等作用的相关研究成果，对跳蚤草开展恢复性种植和可持续利用，并将种植面积从150亩扩展到300亩，从一个哈尼族村寨扩展到两个村寨。

（4）与国际机构签订备忘录，推动生物多样性主流化

2020年10月，植物医生与联合国开发计划署（UNDP）驻华代表处于北京联合国大楼共同签署了《生物多样性保护合作备忘录暨赠款协议》。植物医生成为联合国开发计划署第一家生物多样性保护化妆品合作品牌。在本次签署后，双方借鉴植物医生的生物多样性保护做法，邀请专家组撰写实施标准方案，共同推动生物多样性主流化。

（5）在国际大会上展示企业生物多样性保护成果

2018年，植物医生参加了《生物多样性公约》缔约方大会第十四次会议（COP14）。2021年，《生物多样性公约》缔约方大会第十五次会议（COP15）第一阶段会议于10月在云南昆明成功召开，植物医生参加了全球生物多样性保护议题下的活动，与各方企业进行了经验交流分享，共同探讨了新时代下保护生物多

样性的新举措（图 4-28）。

图 4-28　曼远村珍贵植物迁地保护

第五章 能力建设与意识提升

为做好遗传资源和相关传统知识获取与惠益分享工作，ABS国家项目组织机构专家，编制了系列宣传课程材料，并委托不同的机构对政府官员、科研人员、地方社区居民和私营部门员工等针对不同受众设计开展了系列宣传培训，大大提升了利益相关方的遗传资源和相关传统知识获取与惠益分享意识，获得了各方好评。

第一节　培训教材和宣传材料

针对国内缺少遗传资源及其相关传统知识保护和获取与惠益分享教材以及公众在该方面意识薄弱的情况，ABS 国家项目委托机构编制了培训计划和培训教材，为开展培训和意识提升活动创造了便利条件。

一、培训教材

为充分了解农业生物技术、生物医药、食品和保健品、化妆品等具有代表性的行业在生物遗传资源开发与利用方面的意识和实践情况，ABS 国家项目组织开展了对上述行业的问卷调查。调查发现，接受问卷调查的多数企业表达了希望政府能够组织遗传资源及其相关传统知识获取与惠益分享培训的意愿。然而，国内当时在该领域没有全面、系统的培训教材。为此，ABS 国家项目组织编写了培训教材，分别为《生物多样性、遗传资源及相关传统知识基础知识》《遗传资源及相关传统知识获取与惠益分享概论》《遗传资源及相关传统知识获取与惠益分享管理方手册》《遗传资源及相关传统知识获取与惠益分享使用方手册》《遗传资源及相关传统知识获取与惠益分享知识 100 问》《遗传资源及相关传统知识获取与惠益分享培训课件》，为开展 ABS 培训提供了基础素材，也为后续开展的系列培训活动奠定了基础。

1.《生物多样性、遗传资源及相关传统知识基础知识》

该培训教材从生态系统多样性、物种多样性和遗传资源多样性介绍了生物多样性的内容，在遗传多样性方面，重点介绍了中国农业遗传资源与保护、经济物种遗传资源与保护。此外，这本教材还介绍了生物多样性相关传统知识与惠益分享和生物多样性保护与国际履约战略两个相关性较高的内容。通过学习该培训教材或参加相关培训，将帮助生物多样性“小

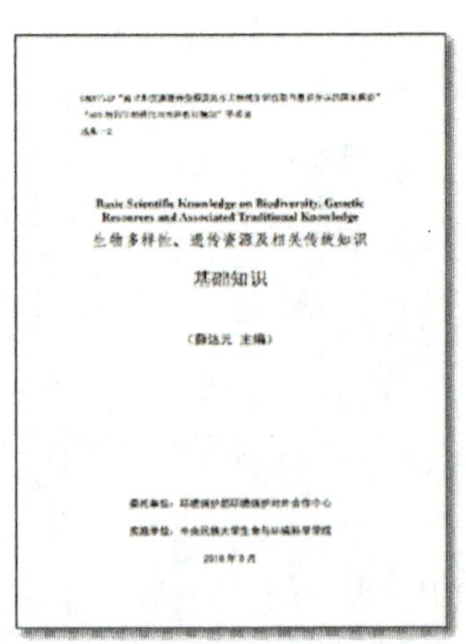

《生物多样性、遗传资源及相关传统知识基础知识》

白”学习了解生物多样性相关基础知识，实现生物多样性认识的快速“脱盲”。

2.《遗传资源及相关传统知识获取与惠益分享概论》

《生物多样性、遗传资源及相关传统知识基础知识》虽然也在遗传资源相关的章节介绍了遗传资源多样性和惠益分享等有关内容，但与其相比，《遗传资源及相关传统知识获取与惠益分享概论》则重点聚焦于遗传资源及其相关传统知识。第一章回顾了遗传资源与传统知识的基本知识，第二章介绍了遗传资源及相关传统知识获取与惠益分享相关国际公约及其要点，第三章介绍了全球“生物剽窃”现象与典型案例，第四章介绍了遗传资源及相关传统知识获取与惠益分享区域机制与国家应对策略，第五章提出了构建传统知识保护特殊制度体系的思路和建议，第六章提出了针对不同利益相关方开展获取和惠益分享制度能力建设的思路，第七章展示了遗传资源及相关传统知识获取与惠益分享制度部门国际和国内实践与示范经验。

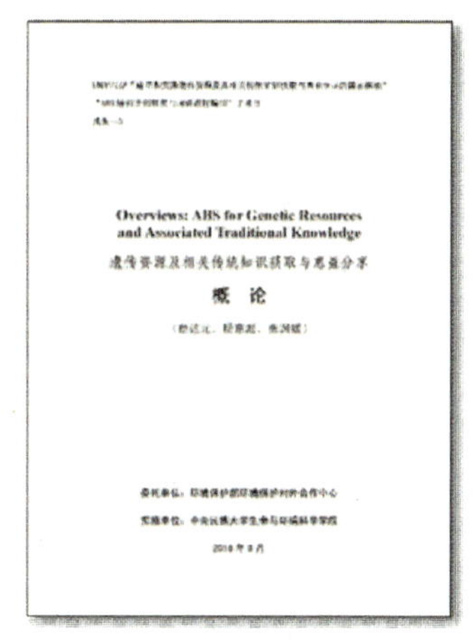
Overviews: ABS for Genetic Resources
and Associated Traditional Knowledge
遗传资源及相关传统知识获取与惠益分享
概 论

《遗传资源及相关传统知识获取与惠益分享概论》

通过学习《遗传资源及相关传统知识获取与惠益分享概论》这本教材，读者可以对遗传资源及相关传统知识获取与惠益分享相关的概念、国际法和相关要点、生物剽窃现象和案例、区域机制和国家的应对策略，传统知识保护特殊制度体系，以及遗传资源及相关传统知识重要利益相关方的能力建设需求分析和建议有全面且相对深入的了解。所以，这本教材的培训更适合已经具备一定基础、正在从事相关领域管理、研究和经营活动的人群。

3.《遗传资源及相关传统知识获取与惠益分享管理方手册》

《遗传资源及相关传统知识获取与惠益分享管理方手册》是专门针对遗传资源及相关传统知识获取与惠益分享管理者制定的工作手册，属于工具书的范畴。这本教材共有 6 章。第一章介绍了遗传资源及相关传统知识获取与惠益分享的背景和目标，第二章对 4 个大洲 19 个国家开展遗传资源及相关传统知识获取与惠益分享工作的经验进行了介绍，第三章介绍了中国遗传资源及相关传统知识获取与惠益分享相关政策与法规，第四章提出了创建遗传资源 ABS 国家制度体系的思路和建议，第五章介绍了生物剽窃的现状、典型案例，并提出了应对措施，第六章提出了开展获取和惠益分享制度的能力建设工作的建议和思路。

这本教材除了介绍遗传资源及其相关传统知识的一些知识和案例，还对一些热点问题进行了分析和讨论，并提出了应对措施和建议。所以，这本教材更适合管理人员结合自己的需要对相关领域的内容进行查阅和自学，可以帮助他们了解国内外典型做法和经验，为开展相关工作提供启发和参考。

《遗传资源及相关传统知识获取与惠益分享管理方手册》

4.《遗传资源及相关传统知识获取与惠益分享使用方手册》

《遗传资源及相关传统知识获取与惠益分享使用方手册》是专门针对遗传资源及相关传统知识使用方制定的知识手册，也是一个工具类的教材。这本手册第一章介绍了遗传资源及相关传统知识获取与惠益分享的背景、目的和用语，第二章介绍了遗传资源及相关传统知识获取与惠益分享的地理范围、时间范围、材料范围和人员范围，第三章介绍了遗传资源及相关传统知识获取与惠益分享程序，第四章介绍了遗传资源及相关传统知识获取与惠益分享使用方的义务，第五章介绍了使用方能力建设需求和建议，第六章提出了开展获取和惠益分享制度的能力建设争议解决的有关规定、问题和建议，第七章针对不同行业获取与惠益分享使用方应具备的知识进行了全面介绍。通过学习这本教材，企业、科研机构等使用方除了可以了解遗传资源及其相关传统知识获取与惠益分享的基本知识和用途，还可以了解遗传资源及相关传统知识获取与惠益分享程序，明确其应尽的义务以及解决争议的方式等实用性知识。

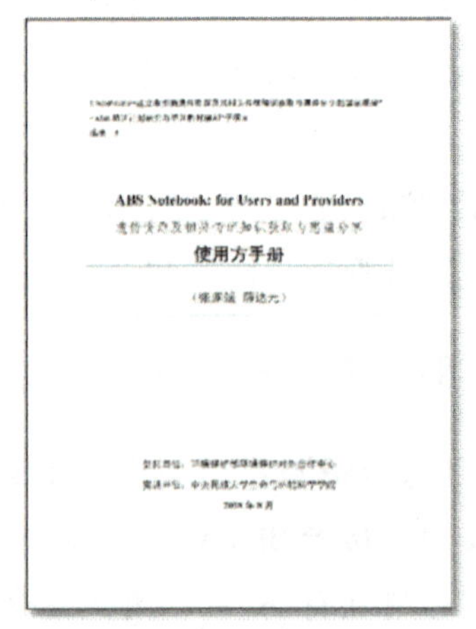
ABS Notebook: for Users and Providers

使用方手册

《遗传资源及相关传统知识获取与惠益分享使用方手册》

5.《遗传资源及相关传统知识获取与惠益分享知识 100 问》

《遗传资源及相关传统知识获取与惠益分享知识 100 问》整理了 100 个遗传资源及相关传统知识获取与惠益分享中可能存在的各种问题，并针对每个问题进行了介绍或解答，也是一本工具书式的教材。这本教材在 100 个有关 ABS 的问题中，有 18 个问题是关于生物多样性、遗传资源及相关传统知识的基础知识；有 20 个问题是关于《公约》和《名古屋议定书》的核心内容；有 12 个问题是和获取与惠益分享相关的其他国际公约和国际平台的重要内容；有 20 个问题是有关 ABS 的区域机制和世界各国建立和实施 ABS 制度的经验；有 20 个问题是介绍中国国内与 ABS 相关的政策、法规、制度、管理体系等；还有 10 个问题探讨了 ABS 能力建设的需求以及各利益相关方加强能力建设的策略与措施。所以，在遗传资源及相关传统知识获取与惠益分享方面存在疑问的学生、科研人员、工作人员等群体，都可能从本教材查阅到相关答案。

《遗传资源及相关传统知识获取与惠益分享知识 100 问》

6.《遗传资源及相关传统知识获取与惠益分享培训课件》

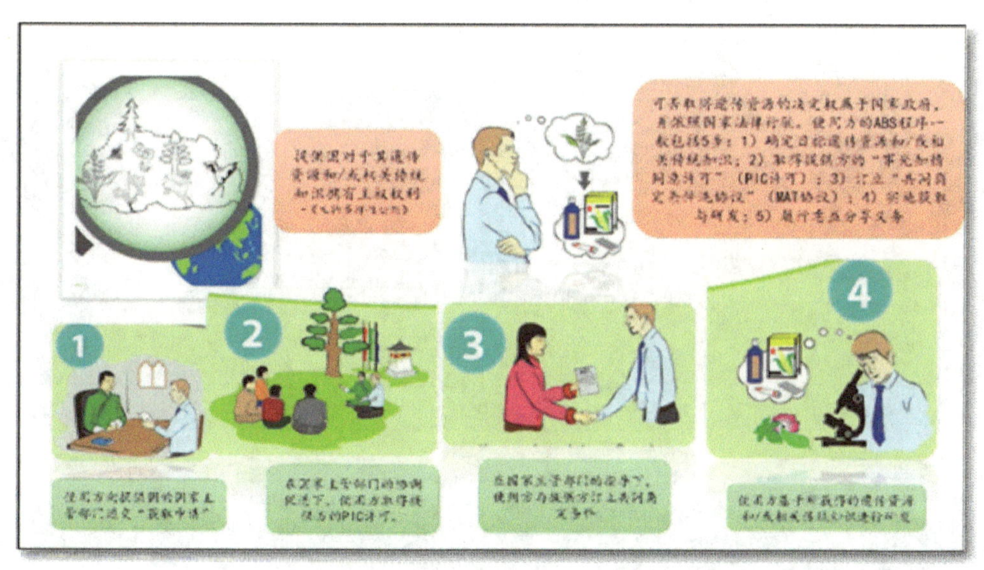

图 5-1　《遗传资源及相关传统知识获取与惠益分享培训课件》截图

为方便各方开展遗传资源及相关传统知识获取与惠益分享宣传推广工作，特整理了《遗传资源及相关传统知识获取与惠益分享培训课件》，这个课件主要介绍了 5 个方面的内容。第一部分介绍了遗传资源及相关传统知识获取与惠益分享基本用语，第二部分介绍了 ABS 的产生和发展历程，第三部分介绍了 ABS 相关方有哪些，第四部分介绍了 ABS 的程序和有关注意事项，第五部分介绍了与 ABS 密切相关的行业及其与 ABS 的关系。遗传资源及相关传统知识获取与惠益分享领域的培训人员可以将本课件作为培训素材，根据培训对象不同，对这个课件进行调整后进行使用。

二、宣传产品

为更好传播 ABS 国家项目成果，提升公众对遗传资源及其相关传统知识的认识，ABS 国家项目国家办公室先后制作了“遗传资源获取与惠益分享知识项目宣传视频”“遗传资源获取与惠益分享知识宣传普及动画”“遗传资源获取与惠益分享知识主题展览”“项目标识”（LOGO）等宣传产品，并在《公约》第十五次缔约方大会（COP15）第一阶段会议、各类研讨会、培训会、交流会中进行展示和传播，收到了良好的宣传效果（图 5-2～图 5-4）。

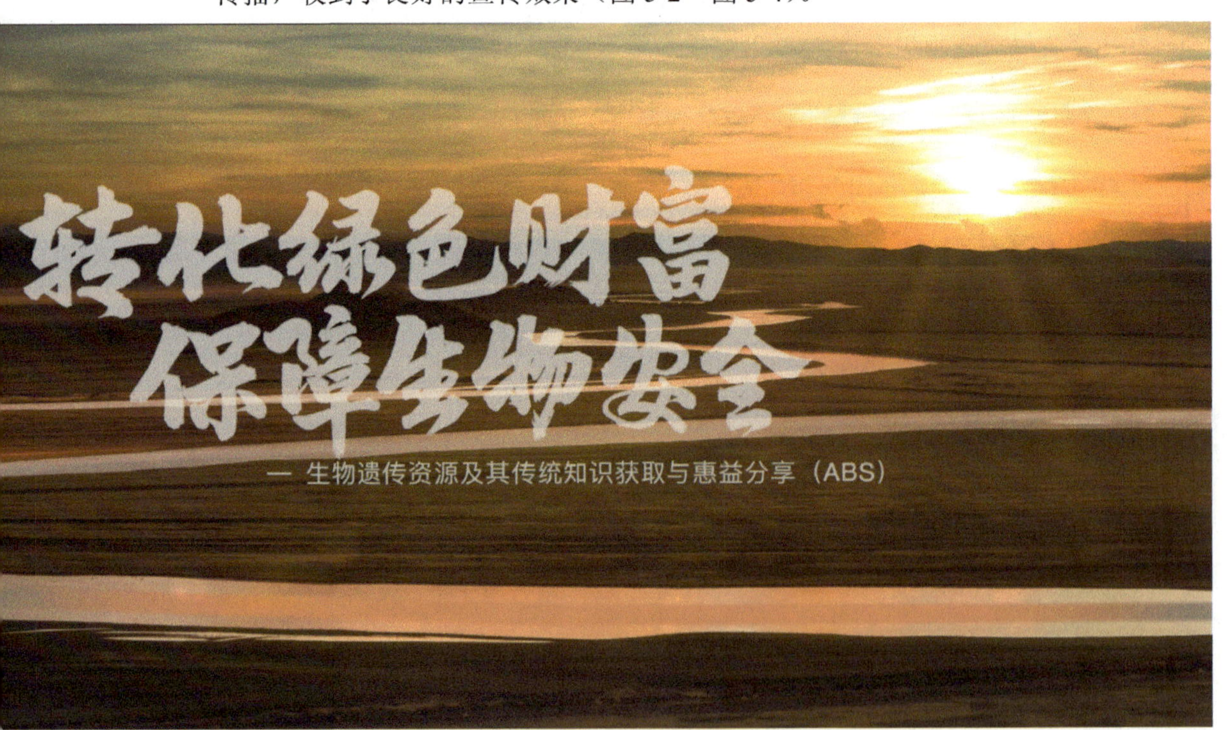

图 5-2　ABS 国家项目视频截图

图 5-3　ABS 国家项目动画视频截图

图 5-4　COP15 第一阶段会议 ABS 国家项目展览

第二节　ABS 国家项目系列培训

遗传资源及其相关传统知识获取与惠益分享的利益相关方主要有管理方、使用方和提供方三大类，其中使用方又包括私营部门和科研机构。考虑到这些利益相关方的需求和关注点不尽相同，ABS 国家项目办公室委托不同培训机构对政府官员、科研机构、私营部门和地方社区组织了 4 个系列培训活动。系列培训共计 26 场次，受众 856 人次，取得了良好的效果。

一、管理者培训

根据《名古屋议定书》，各级政府部门在维护国家对遗传资源的主权权利，加强遗传资源获取行为的审批监管，促进遗传资源获取者和提供者公平公正的惠益分享等方面负有重要责任，是国家遗传资源保护的重要法律主体，需要加强对政府政策管理者的培训（图 5-5）。

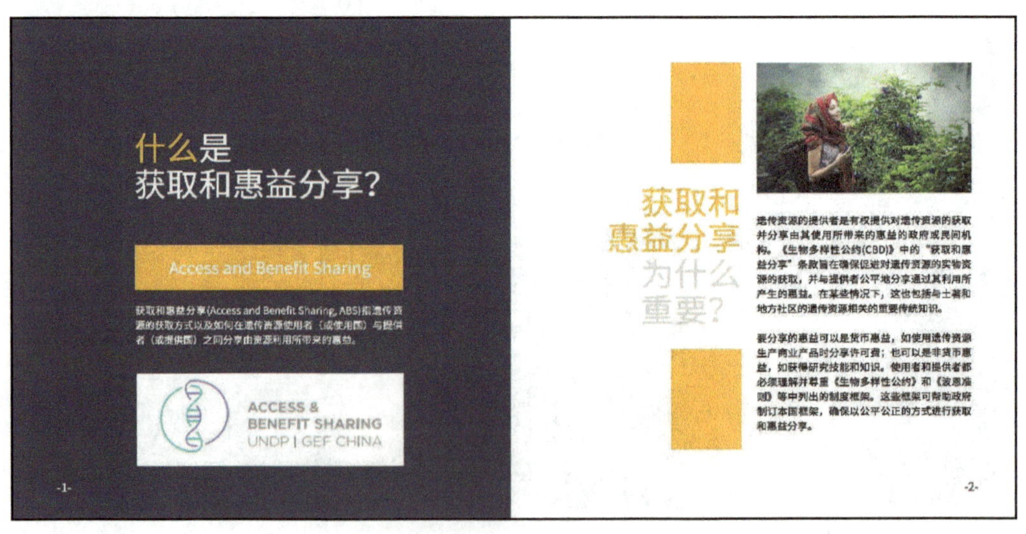

图 5-5　管理者培训宣传

（1）培训准备：为保障此项工作取得实效，培训方组建了授课教师团队，编制了培训教案，协助教师备课，授课教师共完成培训课件 6 个。培训方参考 UNDP-ABS 能力计分卡，设计了《ABS 能力建设与意识提升调查表》，开发制作了面向国家、省/自治区、市/地（州）等不同层级管理者的一系列宣传材料。

（2）培训情况：管理者培训共组织了 8 次，分别在北京、南宁、长沙、昆明等地举办，参训单位 121 家，参训人员 264 人次，女性占比 33%。发放培训手册 280 本，宣传材料 2 000 多份。

（3）培训效果：为了解和评估培训效果，培训方要求参训人员在培训前及培训后分别填写《管理者 ABS 能力建设与意识提升调查表》，8 次培训共发放调查问卷 415 份，收到有效调查问卷 315 份。统计分析表明，参加培训的国家和地方管理人员对遗传资源获取和惠益分享知识的了解和管理能力明显提升。

二、科研机构培训

为了使科研机构技术人员了解 ABS 相关国际法现状与发展趋势、国内 ABS 相关法律法规和政策、共同商定条件的内涵与形式和域外典型国家和地区 ABS 管制措施，提高遗传资源保护和惠益分享意识，项目特组织了针对科研机构技术人员的系列培训活动（图 5-6）。

图 5-6　科研人员培训宣传

（1）培训准备：科研机构培训方制定了科研单位 ABS 能力建设与意识提升培训方案，邀请了 12 位 ABS 专家或行业专家作为培训老师，开发了培训教材、教案、课件，设计了《科研单位 ABS 能力建设与意识提升调查问卷》。培训内容由两部分组成，一部分为ABS国家项目要求的培训内容；另一部分为根据地方特色进行的与ABS相关的内容。此外，科研机构培训方还设计制作了多种ABS宣传品（台历、明信片和布袋）。

（2）培训情况：本项培训共开展了6次，包括1次预培训和5次正式培训，参训单位104家，参训人员212人，女性占比45%。发放宣传材料1 260余份，项目组全程对培训进行了录像，培训结束后将课件进行了整理完善，汇编成ABS培训教材正式出版发行。

（3）培训效果：6次培训活动共发放调查问卷400份，收回有效调查问卷251份，其中培训前有效问卷147份，培训后有效问卷104份。统计结果显示，科研人员ABS知识水平显著提升。为总结培训成果，培训方还对每次培训活动进行总结，在《中国食品药品监管》杂志、微信公众号上发布活动消息，并在《中国食品药品监管》杂志上开设"UNDP-GEF ABS国家项目专栏"，发表ABS学术论文和研究成果，提升ABS能力建设与意识提升培训活动影响力。

三、地方社区培训

地方社区居民在遗传资源和相关传统知识获取与惠益分享中一般都作为提供方出现，他们对遗传资源和相关传统知识获取与惠益分享内容知之甚少，没有享受到应有的权利。为了使地方社区居民了解遗传资源和相关传统知识获取与惠益分享，提升他们的保护意识和能力，项目特组织针对地方社区居民的系列培训活动。

（1）培训准备：地方社区培训方根据国家项目办要求，对湖南、广西、云南3个试点省（区）进行了需求调研，在此基础上，组建了培训专家团队，结合地方社区居民特点编制了培训方案，制定了生物多样性及其相关传统知识、什么是获取与惠益分享、ABS与社区的关系、典型案例分析和惠益分享协议签署指导5个专题的培训课件和对应的培训教案，准备了《社区ABS能力建设与意识提升调查问卷》，设计制作了带有ABS相关内容和社区元素的宣传折页和挂历，并将培训的关键信息融入这些宣传品中。

（2）培训情况：培训方在15个月的时间里，分别在广西防城港和桂林、云南的西双版纳和红河、湖南的长沙和湘西州等地开展了社区培训6期，参加培训人员251人，女性占比42%。

（3）培训效果：6期活动共计发放、回收有效调查问卷354份，统计结果显示，参加培训的社区居民ABS意识明显提升。培训活动中，共发放宣传材料2 754

份，增加了受众数量，提升了培训效果（图 5-7）。

图 5-7 ABS 地方社区培训宣传

四、企业（私营部门）培训

企业是遗传资源获取和惠益活动的重要主体，为在更大范围内向遗传资源获取与惠益分享的各利益相关方推广 ABS 概念和经验，提升企业和相关行业协会 ABS 意识和能力，项目特组织了针对企业的系列培训（图 5-8）。

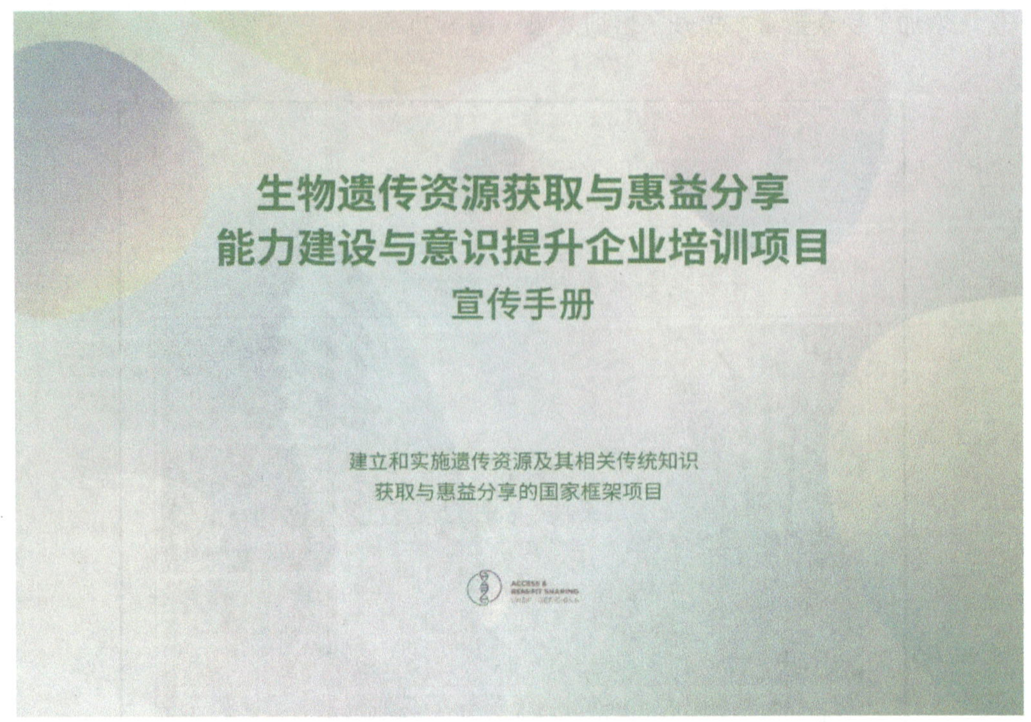

图 5-8　ABS 企业培训宣传手册

（1）培训准备：培训方依据 ABS 基础研究和企业需求分析结果，有针对性地开展项目方案设计、课程材料开发、讲师遴选等工作，编制了《遗传资源获取与惠益分享能力建设与意识提升企业培训实施方案》，开发了《遗传资源获取与惠益分享能力建设与意识提升企业培训模块 1-4》教案及课件等教学资料，并配套形成《遗传资源获取与惠益分享能力建设与意识提升企业培训手册》《遗传资源获取与惠益分享能力建设与意识提升企业培训宣传手册》《企业 ABS 能力建设与意识提升调查表》等教辅资料，内容覆盖生物多样性基础知识、ABS 由来内涵及发展趋势、国内外 ABS 管制措施、ABS 程序机制等核心知识，邀请 6 名相关领域专家进行授课。

（2）培训情况：企业培训共举办了 6 场，历时 2 个月，分别在北京（2 场）、上海、湖南长沙、广西南宁和云南昆明等地进行。参训机构 101 家，涉及生物科技、农林行业、商业服务、医药行业、化妆品等行业，参训人员共 129 人，女性占比 39%。

（3）培训效果：培训过程中共发放、回收《企业 ABS 能力建设与意识提升调查表》272 份，发放宣传材料 1 320 份。调查结果显示，参训前学员 ABS 知识基础薄弱，培训后有较大幅度提升，对 ABS 政策法规及实践案例需求增加，学习意愿更为强烈，希望获得更多 ABS 相关信息资讯。

五、推动发布行业准则

ABS 国家项目通过与中国种子协会和中国中药协会合作，推动中国种子协会发布了《关于遵守农作物种质资源获取与惠益分享行为准则的倡议书》（见附件 7），推动中国中药协会发布了《药用生物遗传资源获取与惠益分享行为准则》（见附件 8），为相关行业开展类似活动提供了借鉴。

附 件

附件1：遗传资源及相关传统知识获取与惠益分享模板清单

序号	模板名称	用途
1	获取遗传资源和/或相关传统知识的申请表	此表由使用方递交给主管部门
2	事先知情同意三方协议模板	关于获取遗传资源相关传统知识的三方协议（提供方、使用方、监管方的）
3	共同商定条件模板	用于约定具体条件的三方协议（提供方、使用方、监管方的）
4	“登记簿”信息模板	使用方提交给遗传资源及其相关传统知识“登记簿”的信息
5	履行尽职审查义务声明	使用方在研究基金阶段，递交其履行尽职审查义务声明的模板
6	研究成果转让境外申请表	研究成果转让给外国机构、人员，用于商业目的的申请表
7	向国家主管部门递交的关于准予其申请知识产权的申请	此表由使用方向提供国的国家主管机构或部门提交
8	遗传资源获取协议	获取遗传资源或者传统知识活动的协议
9	遗传资源惠益分享协议	遗传资源或者传统知识惠益分享的完全合意

附件 2：遗传资源相关传统知识集体管理制度文本

在充分参考国外经验的基础上，本书整理形成了适合中国的《遗传资源相关传统知识集体管理制度文本》建议版本，为后续开展相关工作提供借鉴与参考。

遗传资源相关传统知识集体管理制度文本

一、总　则

第一条　为了规范遗传资源相关传统知识集体管理活动，便于遗传资源相关传统知识获取和惠益分享的集体权利人（以下简称权利人）守正创新、行使权利，社会公众和获取使用者对其创造性传承和创新性发展，根据《民法典》和《遗传资源获取与惠益分享管理条例》（以下简称民法典/管理条例）制定本条例/规则。

第二条　本条例/规则所称遗传资源相关传统知识集体管理，是指遗传资源相关传统知识集体管理组织接受权利人信托，对权利人已经登记的传统知识集中行使权利人的有关权利并以自己的名义进行的下列活动：

（一）对受托集体管理的传统知识进行整理、分类和标引，以利于获取使用者检索并获取，进行学习并在传统原生境和习惯原生境下使用，并向权利人支付相应对价；获取使用者也可以就其获取的传统知识申请进行非传统和习惯原生境利用，例如科学研究、文化创意或商业开发等用途，并与权利人分享该种利用途径所产生的货币或非货币形式的惠益；

（二）与获取使用者订立遗传资源相关传统知识获取合同（以下简称获取合同）和遗传资源相关传统知识惠益分享合同（以下简称惠益分享合同），以自己的名义行使权利，监督传统知识的传统原生境和习惯原生境利用情况，制止其被滥用、盗用和歪曲使用；

（三）向获取合同和惠益分享合同对方当事人收取合同对价和惠益；

（四）向遗传资源相关传统知识集体权利人转付合同对价和惠益；

（五）进行涉及遗传资源相关传统知识集体权利有关的诉讼、仲裁等。

第三条　本条例/规则所称遗传资源相关传统知识集体管理组织，是指为权利人的利益依法设立，根据权利人授权、对权利人的遗传资源相关传统知识集体权利进行统一管理的社会团体。

遗传资源相关传统知识集体管理组织应当依照有关社会团体登记管理的行政法规和本条例的规定进行登记并开展活动。

第四条 权利人作为守正创新共同体对其遗传资源相关传统知识享有知情同意和惠益分享的集体权利，应当由遗传资源相关传统知识集体管理组织进行统一管理。权利人守正创新的其他传统知识和传统文化表现形式享有知情同意和惠益分享的集体权利，可以由遗传资源相关传统知识集体管理组织进行统一管理。

第五条 国务院相关管理部门主管全国的遗传资源相关传统知识集体管理工作。

第六条 除依照本条例/规则规定设立的遗传资源相关传统知识集体管理组织外，任何组织和个人不得从事遗传资源相关传统知识集体管理活动。

二、遗传资源相关传统知识集体管理组织的设立

第七条 依法享有遗传资源相关传统知识集体权利的中国公民、法人或者其他组织，可以发起设立遗传资源相关传统知识集体管理组织。

设立遗传资源相关传统知识集体管理组织，应当具备下列条件：

（一）发起设立遗传资源相关传统知识集体管理组织的权利人不少于 50 人；

（二）不与已经依法登记的传统知识集体管理组织的业务范围交叉、重合；

（三）能在全国范围代表相关权利人的利益；

（四）有遗传资源相关传统知识集体管理组织的章程草案、合同对价和惠益收取标准草案和向权利人转付合同对价和惠益的办法（以下简称合同对价和惠益转付办法）草案。

第八条 遗传资源相关传统知识集体管理组织章程应当载明下列事项：

（一）名称、住所；

（二）设立宗旨；

（三）业务范围；

（四）组织机构及其职权；

（五）会员大会的最低人数；

（六）理事会的职责及理事会负责人的条件和产生、罢免的程序；

（七）管理费提取、使用办法；

（八）会员加入、退出遗传资源相关传统知识集体管理组织的条件、程序；

（九）章程的修改程序；

（十）遗传资源相关传统知识集体管理组织终止的条件、程序和终止后资产的处理。

第九条 申请设立遗传资源相关传统知识集体管理组织，应当向国务院相关管理部门提交证明符合本条例第七条规定的相关材料。国务院相关管理部门应当自收到材料之日起 60 日内，作出批准或者不予批准的决定。批准的，发给遗传资源相关传统知识集体管理许可证；不予批准的，应当说明理由。

第十条 申请人应当自国务院相关管理部门发给遗传资源相关传统知识集体管理许可证之日起 30 日内，依照有关社会团体登记管理的行政法规到国务院民政部门办理登记手续。

第十一条 依法登记的遗传资源相关传统知识集体管理组织，应当自国务院民政部门发给登记证书之日起 30 日内，将其登记证书副本报国务院相关管理部门备案；国务院相关管理部门应当将报备的登记证书副本以及遗传资源相关传统知识集体管理组织章程、合同对价和惠益收取标准、合同对价和惠益转付办法予以公告。

第十二条 遗传资源相关传统知识集体管理组织设立分支机构，应当经国务院相关管理部门批准，并依照有关社会团体登记管理的行政法规到国务院民政部门办理登记手续。经依法登记的，应当将分支机构的登记证书副本报国务院相关管理部门备案，由国务院相关管理部门予以公告。

第十三条 遗传资源相关传统知识管理组织应当根据下列因素制定合同对价和惠益收取标准：

（一）获取使用的时间、方式和地域范围；

（二）惠益分享的形式、种类和落实手段；

（三）订立获取和惠益分享合同和收取合同对价和惠益工作的繁简程度。

第十四条 遗传资源传统知识管理组织应当根据遗传资源相关传统知识的获取使用情况以及权利人的实际需求制定合同对价和惠益转付办法。

第十五条 遗传资源相关传统知识管理组织集体管理组织修改章程，应当依法经国务院民政部门核准后，由国务院相关管理部门予以公告。

第十六条 遗传资源相关传统知识管理组织集体管理组织被依法撤销登记的，自被撤销登记之日起不得再进行传统知识管理组织集体管理业务活动。

三、遗传资源相关传统知识管理组织集体管理组织的机构

第十七条 遗传资源相关传统知识管理组织集体管理组织会员大会（以下简称会员大会）为传统知识管理组织集体管理组织的权力机构。

会员大会由理事会依照本条例规定负责召集。理事会应当于会员大会召开 60 日以前将会议的时间、地点和拟审议事项予以公告；出席会员大会的会员，应

当于会议召开30日以前报名。报名出席会员大会的会员少于章程规定的最低人数时，理事会应当将会员大会报名情况予以公告，会员可以于会议召开5日以前补充报名，并由全部报名出席会员大会的会员举行会员大会。

会员大会行使下列职权：

（一）制定和修改章程；

（二）制定和修改合同对价和惠益收取标准；

（三）制定和修改合同对价和惠益转付办法；

（四）选举和罢免理事；

（五）审议批准理事会的工作报告和财务报告；

（六）制定内部管理制度；

（七）决定合同对价和惠益转付方案和遗传资源相关传统知识集体管理组织提取管理费的比例；

（八）决定其他重大事项。

会员大会每年召开一次；经10%以上会员或者理事会提议，可以召开临时会员大会。会员大会作出决定，应当经出席会议的会员过半数表决通过。

第十八条 遗传资源相关传统知识集体管理组织设立理事会，对会员大会负责，执行会员大会决定。理事会成员不得少于9人。

理事会任期为4年，任期届满应当进行换届选举。因特殊情况可以提前或者延期换届，但是换届延期不得超过1年。

四、遗传资源相关传统知识集体管理活动

第十九条 权利人可以与遗传资源相关传统知识集体管理组织以书面形式订立遗传资源相关传统知识集体管理合同，授权该组织对其依法享有的遗传资源相关传统知识获取和惠益分享集体权利进行管理。权利人符合章程规定加入条件的，遗传资源相关传统知识集体管理组织应当与其订立遗传资源相关传统知识集体管理合同，不得拒绝。

权利人与遗传资源相关传统知识集体管理组织订立遗传资源相关传统知识集体管理合同并按照章程规定履行相应手续后，即成为该遗传资源相关传统知识集体管理组织的会员。

第二十条 权利人与遗传资源相关传统知识集体管理组织订立遗传资源相关传统知识集体管理合同后，不得在合同约定期限内自己行使或者许可他人行使合同约定的由遗传资源相关传统知识集体管理组织行使的权利。

第二十一条 权利人可以依照章程规定的程序，退出遗传资源相关传统知识

集体管理组织，终止遗传资源相关传统知识集体管理合同。但是，遗传资源相关传统知识集体管理组织已经与他人订立许可获取和惠益分享合同的，该合同在期限届满前继续有效；该合同有效期内，权利人有权获得相应的合同对价和惠益并可以查阅有关业务材料。

第二十二条 外国人、无国籍人可以通过与中国的遗传资源相关传统知识集体管理组织订立相互代表协议的境外同类组织，授权中国的遗传资源相关传统知识集体管理组织管理其依法在中国境内享有的遗传资源相关传统知识有关的权利。

前款所称相互代表协议，是指中国的遗传资源相关传统知识集体管理组织与境外的同类组织相互授权对方在其所在国家或地区进行集体管理活动的协议。

遗传资源相关传统知识集体管理组织与境外同类组织订立的相互代表协议应当报国务院相关管理部门备案，由国务院相关管理部门予以公告。

第二十三条 遗传资源相关传统知识集体管理组织许可他人获取使用其管理的遗传资源相关传统知识等，应当与获取使用者以书面形式订立获取和惠益分享合同。

遗传资源相关传统知识集体管理组织不得与获取使用者订立专有许可使用合同。

获取使用者以合理的条件要求与遗传资源相关传统知识集体管理组织订立获取和惠益分享合同，遗传资源相关传统知识集体管理组织不得拒绝。

获取和惠益分享使用合同的期限不得超过　年；合同期限届满可以续订。

第二十四条 遗传资源相关传统知识集体管理组织应当建立权利信息查询系统，供社会公众、权利人和获取使用者知悉和查询。权利信息查询系统应当包括遗传资源相关传统知识集体管理组织管理的集体权利种类、传统知识的名称及鉴证意见、权利人姓名或者名称、授权管理的期限。

权利人和使用者对遗传资源相关传统知识集体管理组织管理的权利的信息进行咨询时，该组织应当予以答复。

第二十五条 使用者向遗传资源相关传统知识集体管理组织支付合同对价和惠益时，应当提供其获取使用的传统知识名称、权利人姓名或者名称和获取使用的方式、数量、时间等有关使用情况；获取和惠益分享合同另有约定的按照约定提供。

获取使用者提供的有关使用情况涉及该获取使用者商业秘密的，遗传资源相关传统知识集体管理组织负有保密义务。

第二十六条 遗传资源相关传统知识集体管理组织可以从收取的合同对价和

货币性惠益中提取一定比例作为管理费，用于维持其正常的业务活动。

遗传资源相关传统知识集体管理组织提取管理费的比例应当随着合同对价和货币性惠益收入的增加而逐步降低。

第二十七条 遗传资源相关传统知识集体管理组织收取的合同对价和货币性惠益，在提取管理费后，应当全部转付给权利人，不得挪作他用。

遗传资源相关传统知识集体管理组织转付合同对价和惠益，应当编制合同对价和惠益转付记录。合同对价和惠益转付记录应当载明合同对价和惠益费总额、管理费数额、权利人姓名或者名称、传统知识名称、有关获取使用情况、向各权利人转付使用费的具体数额等事项，并应当保存10年以上。

五、对遗传资源相关传统知识集体管理组织的监督

第二十八条 遗传资源相关传统知识集体管理组织应当依法建立财务、会计制度和资产管理制度，并按照国家有关规定设置会计账簿。

第二十九条 遗传资源相关传统知识集体管理组织的资产使用和财务管理受国务院相关管理部门和民政部门的监督。

遗传资源相关传统知识集体管理组织应当在每个会计年度结束时制作财务会计报告，委托会计师事务所依法进行审计，并公布审计结果。

第三十条 遗传资源相关传统知识集体管理组织应当对下列事项进行记录，供权利人和获取使用者查阅：

（一）获取使用情况；

（二）合同对价和惠益收取和转付情况；

（三）管理费提取和使用情况。

权利人有权查阅、复制遗传资源相关传统知识集体管理组织的财务报告、工作报告和其他业务材料；遗传资源相关传统知识集体管理组织应当提供便利。

第三十一条 权利人认为遗传资源相关传统知识集体管理组织有下列情形之一的，可以向国务院相关管理部门检举：

（一）权利人符合章程规定的加入条件要求加入遗传资源相关传统知识集体管理组织，或者会员依照章程规定的程序要求退出遗传资源相关传统知识集体管理组织，遗传资源相关传统知识集体管理组织拒绝的；

（二）遗传资源相关传统知识集体管理组织不按照规定收取、转付合同对价和惠益，或者不按照规定提取、使用管理费的；

（三）权利人要求查阅本条例第三十二条规定的记录、业务材料，遗传资源相关传统知识集体管理组织拒绝提供的。

第三十二条 获取使用者认为遗传资源相关传统知识集体管理组织有下列情形之一的，可以向国务院相关管理部门检举：

（一）遗传资源相关传统知识集体管理组织违反本条例第二十三条规定拒绝与获取使用者订立许可使用合同的；

（二）遗传资源相关传统知识集体管理组织未根据公告的合同对价和惠益收取标准约定收取合同对价和惠益的具体数额的；

（三）获取使用者要求查阅本条例第三十二条规定的记录，遗传资源相关传统知识集体管理组织拒绝提供的。

第三十三条 权利人和获取使用者以外的公民、法人或者其他组织认为遗传资源相关传统知识集体管理组织有违反本条例/规则规定的行为的，可以向国务院相关管理部门举报。

第三十四条 国务院相关管理部门应当自接到检举、举报之日起60日内对检举、举报事项进行调查并依法处理。

第三十五条 国务院相关管理部门可以采取下列方式对遗传资源相关传统知识集体管理组织进行监督，并应当对监督活动作出记录：

（一）检查遗传资源相关传统知识集体管理组织的业务活动是否符合本条例及其章程的规定；

（二）核查遗传资源相关传统知识集体管理组织的会计账簿、年度预算和决算报告及其他有关业务材料；

（三）派员列席遗传资源相关传统知识集体管理组织的会员大会、理事会等重要会议。

第三十六条 遗传资源相关传统知识集体管理组织应当依法接受国务院民政部门和其他有关部门的监督。

六、法律责任

第三十七条 遗传资源相关传统知识集体管理组织有下列情形之一的，由国务院相关管理部门责令限期改正：

（一）违反本条例第二十二条规定，未将与境外同类组织订立的相互代表协议报国务院相关管理部门备案的；

（二）违反本条例第二十四条规定，未建立权利信息查询系统的；

（三）未根据公告的合同对价和惠益收取标准约定收取合同对价和惠益的具体数额的。

遗传资源相关传统知识集体管理组织超出业务范围管理权利人的权利的，由国务院相关管理部门责令限期改正，其与获取使用者订立的许可使用合同无效；给权利人、获取使用者造成损害的，依法承担民事责任。

第三十八条 遗传资源相关传统知识集体管理组织有下列情形之一的，由国务院相关管理部门责令限期改正；逾期不改正的，责令会员大会或者理事会根据本条例规定的权限罢免或者解聘直接负责的主管人员：

（一）违反本条例第十九条规定拒绝与权利人订立遗传资源相关传统知识集体管理合同的，或者违反本条例第二十一条的规定拒绝会员退出该组织的要求的；

（二）违反本条例第二十三条规定，拒绝与获取使用者订立获取和惠益分享合同的；

（三）违反本条例第二十六条规定提取管理费的；

（四）违反本条例第二十七条规定转付合同对价和惠益的；

（五）拒绝提供或者提供虚假的会计账簿、年度预算和决算报告或者其他有关业务材料的。

第三十九条 遗传资源相关传统知识集体管理组织自国务院民政部门发给登记证书之日起超过 6 个月无正当理由未开展遗传资源相关传统知识集体管理活动，或者连续中止遗传资源相关传统知识集体管理活动 6 个月以上的，由国务院相关管理部门吊销其遗传资源相关传统知识集体管理许可证，并由国务院民政部门撤销登记。

第四十条 遗传资源相关传统知识集体管理组织从事营利性经营活动的，由工商行政管理部门依法予以取缔，没收违法所得；构成犯罪的，依法追究刑事责任。

第四十一条 违反本条例第二十五条的规定，获取使用者能够提供有关使用情况而拒绝提供，或者在提供有关使用情况时弄虚作假的，由国务院相关管理部门责令改正；遗传资源相关传统知识集体管理组织可以中止许可使用合同。

第四十二条 擅自设立遗传资源相关传统知识集体管理组织或者分支机构，或者擅自从事遗传资源相关传统知识集体管理活动的，由国务院相关管理部门或者民政部门依照职责分工予以取缔，没收违法所得；构成犯罪的，依法追究刑事责任。

第四十三条 依照本条例规定从事遗传资源相关传统知识集体管理组织审批和监督工作的国家行政机关工作人员玩忽职守、滥用职权、徇私舞弊，构成犯罪的，依法追究刑事责任；尚不构成犯罪的，依法给予行政处分。

七、附　则

第四十四条　本条例/规则施行前已经设立的遗传资源相关传统知识集体管理组织，应当自本条例生效之日起 3 个月内，将其章程、合同对价和惠益收取标准、合同对价和惠益转付办法及其他有关材料报国务院相关管理部门审核，并将其与境外同类组织订立的相互代表协议报国务院相关管理部门备案。

附件 3：遗传资源获取与惠益分享地方立法指南

《名古屋议定书》要求各缔约方在国内采取立法、行政或政策措施，明确有权参与惠益分享主体，并可以参照附件所列的惠益形式，制定符合本国国情的惠益分享方式。本节主要参考“中国生物遗传资源管理立法实施前景及对策研究报告”成果，结合《公约》《名古屋议定书》以及现有上位法律、行政法规相关规定，就中国地方开展遗传资源和相关传统知识立法提供非官方的若干建议，以逐步提升尤其是中国和当地社区党政机关、社区（团）、居民以及其他利益主体相关法律、政策意识。本附件将有助于各地各级人大和主管部门快速了解地方遗传资源及相关传统知识立法的制度构建清单组成和立法的具体工作步骤，对各地推动遗传资源和相关传统知识立法具有重要的参考价值。

一、立法原则

遗传资源获取与惠益分享地方立法首先应当遵循地方立法的基本原则，主要包括：

1. 地方立法的合法性原则
2. 地方立法的科学性原则
3. 地方立法的民主性原则

同时，遗传资源获取与惠益分享领域的地方立法还应遵循本领域所特有的一些原则，具体包括：

1. 遗传资源国家主权原则
2. 事先知情同意原则
3. 公平分享惠益等原则

二、立法政策法律依据

在国家法方面，中国关于遗传资源保护、获取、惠益分享、进出境等管理规定散见在部分与遗传资源相关的法律、行政法规、部门规章和其他规范性文件中。除《宪法》外，中国现有与遗传资源相关的法律 20 部，如《中华人民共和国中医药法》《中华人民共和国野生动物保护法》《中华人民共和国种子法》等；行政法规 18 部，如《野生植物保护条例》《自然保护区条例》《农业转基因生物安全管理条例》等；部门规章 43 部，如《关于加强生物物种资源保护与管理的通知》《中国生物多样性保护战略与行动计划（2011—2030 年）》《联合国生物多样性十年中国行动方案》等。

其中，与动物遗传资源相关的法律 3 部，行政法规 4 部，国务院部门规章 14 部。与植物遗传资源相关的法律 4 部，行政法规 6 部，国务院部门规章 15 部。与微生物遗传资源相关的行政法规 1 部，国务院部门规章 4 部。与中医药遗传资源相关的法律 2 部，行政法规 3 部，国务院部门规章 1 部。与遗传资源进出境管理相关的法律 2 部，行政法规 2 部，国务院部门规章 7 部。

另外，还有部分综合性环境保护法律法规和其他领域的法律法规，其部分条文涉及遗传资源及相关传统知识的权属、保护、利用和管理等，如《环境保护法》《海洋环境保护法》《物权法》《非物质文化遗产法》《专利法》《科学技术进步法》《民族区域自治法》《专属经济区和大陆架法》《专利法实施细则》《中国重要农业文化遗产管理办法（试行）》《地理标志产品保护规定》等。同时，中国还发布了多部与遗传资源相关的国家政策性文件。

三、立法形式和法律模式以及行政监督管理体制创设

1. 立法形式和法律模式

由于现阶段中国并无遗传资源和相关传统知识获取和惠益分享专门性法律，仅在《畜牧法》《畜禽遗传资源进出境和对外合作研究利用审批办法》《种子法》《中医药法》等法律、行政法规中有专门性规定。中国地方开展相关领域立法的形式有地方性法规、地方政府规章、民族地方区域自治立法三种形式；法律模式主要有创设专门性法律文件和制定专门性规定两种。

2. 行政监督管理体制创设

中国目前并未创设专门遗传资源和相关传统知识行政监管体制，而中医药传统知识经由《中医药法》规定由各级中医药行政主管部门监督管理。此外，由于遗传资源来自生物资源中具有遗传价值的遗传材料部分，所以无论是中央立法，还是地方立法，均需兼顾现阶段中国分散型生物资源行政监管现状，如农业、林业、科技、海洋等均具有一部分生物资源行政监管职权。

从比较法视角来看，目前遗传资源法制先进国家在行政监管体制构建方面取得相当大的成绩。据权威学者统计，全球各国共有分散主管模式、协调主管模式、单一主管模式三种行政监管模式（秦天宝，2005）。分散主管体制是指沿用现有生物资源行政监管体制，各部门分别就其管辖范围内遗传资源进行行政监督管理，典型国家如乌干达、埃及等；协调主管体制又分为建议型协调机构、审批型协调机构，典型国家如菲律宾、哥斯达黎加，这种模式引入协调机构，该机构或者具有实质权力，或者仅具有建议咨询权。单一主管体制是指设置专门的遗传资源行政主管部门，典型国家如印度。

上述各行政监管模式各有千秋。分散主管体制尊重现有生物资源监管模式，降低新设行政机构及人员配备成本；协调主管体制的基础仍为各行政部门分散主管，只不过引入了协调部门。单一主管体制使得遗传资源监管更具有专业性、针对性的特点，但由于专门行政监管部门属于新设机构，需要做好相应职能设置、人员配备等工作，耗时较长且成本最高。建议各地在兼顾中国相关领域行政监管体制现状基础上，适当借鉴国外先进立法经验，鼓励地方立法创新，同时亦为未来中央立法创设、完善提供地方实践经验。

不同遗传资源行政监管体制比较

分类	优点	缺点	代表国家
分散主管体制	尊重现有模式 降低行政成本	分散管理 各自为政	乌干达、埃及
协调主管体制	尊重现有模式 部分提高行政效能	协调难度大 较易干涉原有部门职权	菲律宾、哥斯达黎加
单一主管体制	职能明确、专业性强	创设成本高	印度

2018 年 8 月生态环境部“三定方案”出台，为各地开展遗传资源相关领域立法提供了直接政策依据。与之前的方案相比，该方案仍旧保留生态环境行政主管部门遗传资源工作职能，即明确由其牵头生物物种（含遗传资源）工作，组织协调生物多样性保护工作。这也从间接角度表明目前中国遗传资源行政监督管理体制宜在尊重生物物种分散监管的管理体制现状基础上，由生态环境部门组织协调开展各项遗传资源行政监督管理活动，这样来看，似乎协调主管体制更符合现阶段中国遗传资源行政监督管理现实国情。

据此，现阶段中国遗传资源及相关传统知识地方立法至少包括如下部门，包括生态环境、自然资源、农业农村、科技、卫生和计划生育、中医药、中国科学院等。上述部门职能可做如下初步分工：

中国遗传资源及相关传统知识行政监督管理参与部门与职能分工

参与部门	职能分工
生态环境部门	牵头遗传资源工作，组织协调生物多样性工作
自然资源部门（含林业和草原局）	对非涉农动物遗传资源、植物遗传资源等进行监督管理
农业农村部门	对涉农动物遗传资源（如畜禽遗传资源）、植物遗传资源（如种质遗传资源）等进行监督管理
卫生和计划生育委员会	对涉医疗、卫生相关微生物遗传资源等进行监督管理
科技部门	对非涉医疗、卫生相关微生物遗传资源进行监督管理
中医药管理部门	对中医药传统知识进行监督管理
中国科学院	对下设教学机构、研究院所、附属机构相关所有遗传资源进行监督管理

四、主要制度构成

主要制度构成是前述基本原则具体体现，也应兼顾地方立法实践并做适度创新。该领域地方立法至少应考虑以下制度内容：

（1）获取审批制度；

（2）权属制度；

（3）共同商定制度；

（4）出境查验制度；

（5）来源披露等知识产权制度；

（6）传统知识登记制度；

（7）惠益基金制度；

（8）示范协议制度。

五、立法建议参与部门与分工

遗传资源及相关传统知识地方立法是一项需要多部门共同参与、分工配合、协同合作的活动。前述遗传资源及相关传统知识相关行政监管部门有生态环境、自然资源、农业农村、卫生和计划生育、科技、中医药等，而在地方立法过程中，上述行政监管部门也应积极参与、有效对接，并提供相应的支持和协助。

各地生态环境行政主管部门在遗传资源及相关传统知识地方立法过程中，具体负责如下工作：（1）立法前期准备工作。如地方立法的必要性、可行性前期调研、立法资料收集、归纳和梳理。（2）研拟法律草案。应自行或委托第三方起草相应法律草案，并就立法理由、条文内容进行表述和说明。（3）组织献言献策。应邀请其他职能部门、社会组织、科研机构、民族和当地社区等利益相关人参与法案的研讨。（4）提交法案送审稿。应在立法规划规定时间内向立法机关提交法案送审稿以便立法机关审议。其他行政监督管理部门应积极参与法案的研讨活动，并从其角色定位、职能分工等角度出发提出修改和完善对策建议。当然，其他行政监督管理部门亦可以参照上述具体分工开展部门规章的立法。

六、立法步骤及注意事项

与常规性的地方性法规、地方政府规章起草过程相比，遗传资源及相关传统知识地方立法可能需要更多的时间、专业、技术和精力。具体而言，遗传资源及相关传统知识地方立法可以遵循以下几个步骤：

步骤一，开展遗传资源和相关传统知识本底调查。中国地域辽阔、民族众多，地方遗传资源和相关传统知识南北分布不均且各有特色，做好当地遗传资源和相关传统知识本底调查是做好该领域地方立法需要完成的首要工作，作为一项重要的自然科学立法辅助材料，它也将对地方性法规适用对象的确定带来决定性的影响。

步骤二，开展遗传资源和相关传统知识立法前期调研。开展遗传资源和相关传统知识立法前期调研亦是每项法律起草起始阶段非常重要的工作。调研过程中需要关注并解决如下问题：（1）该项立法是否必要？如现行各相关立法是否为现有矛盾和问题提供解决方案？（2）该项立法是否可行？该项立法是否具备充分的上位法律、法规及政策依据？是否具有完备行政监督管理体制提供组织机构保障？（3）国际公约、议定书发展现状及未来趋势是否进行研判和评估？等等。

步骤三，起草遗传资源及相关传统知识法律草案。在实施该步骤过程中，应着重考虑如下几个问题：（1）立法形式和法律模式的考量。前述现阶段中国遗传资源及相关传统知识地方立法可以采取的立法形式有地方性法规、民族区域自治地方立法、地方政府规章三大类；法律模式主要有专门性法律和专门法律规定两种。各地可根据自身情况因地制宜地进行选择。（2）上位法律、法规及政策规定的考量。前述中国现阶段虽无遗传资源综合性、专门性上位法律，但仍可在《畜牧法》及配套性法规、《种子法》《非物质文化遗产法》《中医药法》等法律中散见遗传资源及相关传统知识地方法律规定，若干规范性文件中亦提到遗传资源及相关传统知识获取和惠益分享内容。在开展相关领域立法起草活动中要对这些法律、法规及政策做好评估。（3）核心内容要点的考量。遗传资源及相关传统知识地方立法有如下核心内容要点：A. 有关权属制度的创设。《立法法》第八条和第七十三条第三款是关于法律保留以及地方性法规创新立法相关规定。遗传资源和相关传统知识权属制度属于该领域立法重要制度，由于并无明确上位法律依据且存在重大理论争议，建议地方立法过程中谨慎对待。具体而言，《立法法》允许各地就该问题开展地方创新立法，但是仍要遵守法律保留及其他限制性规定，即如若涉及法律基本制度的问题及在出现上位法律依据之后，应立即采用法律形式立法或遵守上位法律规定。B. 不同获取程序的厘清。理论上，依据不同的分类标准，遗传资源和相关传统知识获取程序各有不同，如国内主体和外国主体的获取，如以商业开发目的和非商业开发目的的获取等。依据国外典型国家立法例，应结合本国立法目的和现实需要设置不同的遗传资源和相关传统知识获取程序。地方在就本议题进行立法的时候应注意以下几个问题：（1）内外有别。国内主体和外国主体遗传资源和相关传统知识获取程序应有所区别，这也是前述国家遗传资源主权原则的主要体现。国内主体遗传资源和相关传统知识获取程序应比外国主体获取程序复杂，以便更好地保护国内主体相关权益和利益。（2）繁简各异。以不同目的获取遗传资源和相关传统知识规定应繁简各异，以商业开发为目的获取遗传资源和相关传统知识程序应比以非商业开发目的获取程序烦冗，以此加强该类程序行政监管力度和强度。而以非商业开发目的获取遗传资源和相关传统知识应尊重以下两类“便利获取”的情形：①即民族和当地社区基于生存而开展遗传资源和相关传统知识的获取如交换、互易行为；②教学科研机构以科研为目的的获取行为。

步骤四，邀请并广泛征求利益相关方对法律草案意见建议。遗传资源及相关传统知识获取和惠益分享牵涉多方主体参与，涉及国家、民族和当地社区、中医药传统知识持有人等多方主体利益。生态环境主管部门在完成法律草案的研拟工作后，通过听证会、论证会主动邀请并广泛利用各种传播媒介渠道征求利益相关方对法律草案的意见建议，具体方式和做法可依据《立法法》、各地立法操作规程等规范性文件进行操作。

步骤五，修改并完善法律送审稿并提交立法机关审议。生态环境主管部门在修改并完善法律送审稿文本后，应该将该送审稿及相关材料提交立法机关审议，并等待立法机关审议通过后正式颁布实施。

附件 4：湘西土家族苗族自治州生物多样性保护条例

（2020 年 6 月 22 日湘西土家族苗族自治州第十四届人民代表大会常务委员会第二十四次会议通过　2020 年 7 月 30 日湖南省第十三届人民代表大会常务委员会第十九次会议批准）

第一条　为了保护生物多样性，推进生态文明建设，实现人与自然和谐共生，根据有关法律法规，结合本州实际，制定本条例。

第二条　本条例适用于本行政区域内生物多样性的保护、利用和管理等活动。

本条例所称生物多样性，是指动物、植物、微生物及其所拥有的遗传基因以及它们与其生存环境形成的复杂的生态系统，包含生态系统、物种和基因三个基本层次。

法律法规对生物多样性保护另有规定的，从其规定。

第三条　生物多样性保护应当遵循保护优先、持续利用、科学管理、惠益分享的原则。

第四条　州、县（市）人民政府对本行政区域内生物多样性保护负责，建立生物多样性保护与减少贫困相结合的激励机制，加强生态环境保护和污染防治，防止生态破坏和环境污染造成生物多样性危害，开展生物多样性保护宣传教育。

州人民政府生态环境主管部门对生物多样性保护的统筹协调和综合管理负责。

州、县（市）人民政府林业、农业农村、水利、住房和城乡建设、自然资源和规划、卫生健康等主管部门依照有关法律法规的规定，对生物多样性保护实施监督管理。

企事业单位和其他生产经营者应当采取绿色生产方式，防止和减少对生物多样性的破坏，对造成的损害依法承担责任。

新闻媒体应当开展生物多样性保护法律法规和有关保护知识的宣传，对违法行为进行舆论监督，提高社会公众保护生物多样性的自觉性和参与度。

第五条　州人民政府成立生物多样性保护议事协调机构，负责下列事项：

（一）提出制定保护管理方针、政策的建议，开展联合执法检查；

（二）研究生物多样性保护规划或者行动计划等，建立专家咨询机制；

（三）组织开展调查与评估，研究制定生物多样性保护名录；

（四）协调区域协作。

第六条 对生物多样性保护成绩显著的单位和个人，由州人民政府给予奖励和表彰。

第七条 州、县（市）人民政府应当将生物多样性保护内容纳入国民经济社会发展规划和国土空间规划，组织相关部门编制生物多样性保护规划或者行动计划，并公布实施。

第八条 州人民政府应当组织协调有关主管部门定期开展生物多样性资源本底调查，对重点区域和重要生物遗传资源开展专项调查、整理和编目。

第九条 州人民政府应当根据生物多样性、重点生物遗传资源调查的结果，整理和分析数据信息，建立生物遗传资源数据库和信息系统，定期发布信息。

第十条 州人民政府应当在生物多样性、重点生物遗传资源调查的基础上，评估其受威胁现状、珍稀濒危程度、地方原产及特有性、开发利用现状、经济价值、社会价值和生态价值，制定和发布生物多样性保护名录，包含野生动植物保护、种质资源保护以及生物多样性相关传统知识保护等名录。

第十一条 州人民政府应当建立生物多样性保护成效评估和督查机制，定期开展评估，并发布相关信息。

第十二条 州、县（市）人民政府应当建立完善资金投入机制，支持生物多样性保护基础设施和能力建设，落实生态环境损害赔偿制度和生态保护补偿制度，建立损害者担责、保护者得到补偿的生物多样性保护机制。

鼓励、引导、支持社会资金参与生物多样性保护。

第十三条 州人民政府根据生物多样性保护规划或者行动计划、生物多样性保护名录，组织协调有关部门建立自然保护区、森林公园、湿地公园、地质公园、风景名胜区、种质资源原生境保护点（区）等各类自然保护地，实施就地保护。

根据保护需要，建立植物园、树木园、保种场、种质库（圃）、基因库、胚胎库等设施，实施迁地保护。

第十四条 禁止扩散、放生或者丢弃外来入侵物种。

任何单位和个人不得擅自向自然保护地引进外来物种。确需引进的，应当依法办理审批手续，并按照有关技术规范进行试验。

第十五条 生物遗传资源的获取和利用不得损害人类健康、生态安全和生物多样性，不得对当地社会生产、生活造成损害，不得影响野生生物种群的遗传完整性。

对生物遗传资源进行收集、科学研究和生物技术开发等活动，应当遵循风险预防、谨慎发展、全程管理原则。技术发展不成熟、应用后果不明确的，应当通过建立评估体系和预警机制进行风险管控。

第十六条 境内外组织或者个人对野生生物物种进行采集、收购、野外考察或者携带、邮寄出境，应当遵守有关法律法规规定；有关主管部门应当建立健全信息共享机制，及时通报相关情况。

第十七条 州人民政府对生物多样性保护开展动态监测，建立监测网络体系和预警以及应急响应机制，防止生态环境破坏，保护重要生物遗传资源，防控外来物种入侵。

州、县（市）人民政府有关主管部门应当对生物遗传资源及其产品的市场交易活动进行监督检查，防止非法交易活动。

第十八条 州人民政府鼓励对重要的原产或者特有的具有重大价值潜力的野生生物遗传资源、农业遗传资源和相关传统知识进行开发研究和可持续利用。

第十九条 州人民政府应当按照权限和程序划定生物多样性保护优先区域、生态保护红线，并向社会公布。

生物多样性保护优先区域、生态保护红线的调整应当以加强保护为目的，并按规定报批。

第二十条 新建、改建、扩建建设项目以及开发自然资源，可能造成重要生态系统破坏、损害重要物种及其栖息地和生境的，应当制定专项保护、恢复和补偿方案，纳入环境影响评价。

在生物多样性保护优先区域的建设项目以及开发自然资源，应当评价对生物多样性的影响，并作为环境影响评价的重要组成部分。

第二十一条 州、县（市）人民政府对已退化或者遭到破坏的具有代表性和重要经济、社会价值以及特有的生态系统，应当优先制定修复方案，进行治理和恢复。

第二十二条 州、县（市）人民政府应当建立自然保护地与周边社区的伙伴关系以及共管机制，依法界定各类自然资源资产产权主体的权利和义务，对划入各类自然保护地内的集体所有土地及其附属资源，按照依法、自愿、有偿的原则，可以采取租赁、置换、赎买、合作等方式维护产权人权益，保护原住居民权益，实现各产权主体多元化共建自然保护地、共享资源收益。

第二十三条 州人民政府应当建立健全生物遗传资源及相关传统知识的获取与惠益分享制度，公平、公正分享其产生的利益。

任何单位和个人在获取本行政区域内生物遗传资源以及相关传统知识时，应事先征得相关单位和生物遗传资源以及相关传统知识权利人同意，并签署获取与惠益分享协议，确保生物遗传资源以及相关传统知识权利人和合作开发方之间能够公平公正地分享利益，协议应当报州生态环境主管部门备案。

第二十四条 州人民政府应当根据国家规定建立生物遗传资源利用失信名单制度。生态环境主管部门和其他有关主管部门对列入失信名单的单位和个人纳入全国信用信息共享平台，限制或者禁止其开展生物遗传资源开发利用活动。

违规输出生物遗传资源的，由市场监督管理主管部门追究相关责任人员和单位的责任，并向社会公开查处情况。

有关主管部门及其工作人员不履行职责的，依照有关法律规定承担责任。

第二十五条 违反本条例规定的其他行为，由有关主管部门依照相关法律法规的规定处理。

第二十六条 本条例所称生物遗传资源，是指具有遗传功能的生物材料，包括动物、植物和微生物种，以及种以下的分类单元，包括亚种、变种、品种、种质材料，以及生物体的器官、组织、细胞、基因及 DNA 片段。

本条例所称生物遗传资源相关传统知识，是指在长期的传统生产生活实践中创造、传承和发展的，有利于生物遗传资源保护和可持续利用的知识、技术创新和做法。

本条例所称惠益分享，是指生物遗传资源以及相关传统知识的提供者与使用者遵循事先知情同意原则和共同商定原则，公平公正地分享因利用生物遗传资源以及相关传统知识所产生的惠益。惠益有货币和非货币两种形式。

本条例所称可持续利用，是指依照可持续方式开发利用生物遗传资源以及相关传统知识，并产生经济产品和生态服务，包括生物遗传基因表达和自然代谢衍生的生物化学化合物。

第二十七条 本条例自 2020 年 10 月 1 日起施行。

附件 5：广西壮族自治区生物遗传资源及其相关传统知识获取与惠益分享管理办法（试行）

第一条 为规范和促进广西壮族自治区生物遗传资源及其相关传统知识的保护和利用，推进生态文明建设，促进经济社会可持续发展，根据《中华人民共和国环境保护法》《中华人民共和国生物安全法》等法律法规，结合本自治区实际，制定本办法。

第二条 本办法适用于本自治区行政区域内生物遗传资源的保护、收集、保藏、研究、开发利用、惠益分享、出入境等活动的监督管理。

本办法关于生物遗传资源的规定，适用于生物遗传资源相关传统知识。

第三条 在自治区行政区域内获取和利用生物遗传资源，应当遵循生物遗传资源国家主权、事先知情同意及惠益共享原则。

第四条 市（指设区市，下同）级以上生态环境主管部门对本行政区域内生物遗传资源获取与惠益分享工作实施综合管理。

县级以上发展改革、农业农村、商务、自然资源、卫生健康、文化和旅游、市场监管、林业等行政主管部门依照各自职能和有关法律法规的规定，对生物遗传资源获取与惠益分享工作实施监督管理。

第五条 市级以上生态环境主管部门应根据工作需要会同发展改革、农业农村、商务、自然资源、卫生健康、文化和旅游、市场监管、林业等有关部门制定生物遗传资源的保护和利用规划或计划，报所在地人民政府批准并公布实施。

第六条 县级以上有关部门应将开展生物遗传资源保护有关经费纳入本级财政预算，用于支持生物遗传资源的保护、能力建设等；鼓励、支持、引导社会资金参与生物遗传资源保护。

第七条 县级以上人民政府应当鼓励和支持生物遗传资源的保护、研究、合理开发和可持续利用。

鼓励公民、法人和其他组织向有关部门举报违法获取、利用生物遗传资源的行为。

第八条 对生物遗传资源进行收集、科学研究和生物技术开发等活动，应避免对野生生物种群的遗传完整性产生影响。

第九条 采集、保藏、利用、运输出境的广西珍贵、濒危、特有物种及其可用于再生或者繁殖传代的个体、器官、组织、细胞、基因等遗传资源，应当遵守有关法律法规。境外组织、个人及其设立或实际控制的机构获取和利用广西生物遗传资源，应当依法取得批准。

第十条 境内科研单位或个人利用生物遗传资源，应遵守有关规定。有科研成果转化的，应在成果转让协议中明确利用的限制条件及惠益分享要求，成果利用方应与生物遗传资源持有人签订惠益分享协议；其他单位或个人开发利用生物遗传资源，应当事先取得持有人同意，并与持有人签订惠益分享协议（协议参考范本由自治区生态环境厅另行制定）。

不得在持有人同意的范围之外开发利用生物遗传资源。

地方社区和当地居民依照传统方式交换和利用生物遗传资源，无须签订惠益分享协议。

第十一条 各级人民政府支持参与生物遗传资源科学研究合作与交流。

利用广西生物遗传资源开展国际科学研究合作，应当依法取得批准。

境外单位或其在中国境内的分支机构开发利用广西生物遗传资源，应与持有人签订惠益分享协议，并将惠益分享协议内容报所在市生态环境主管部门备案。

第十二条 获取与惠益分享协议应当明确以下内容：

（一）生物遗传资源名称、直接来源地或原产地等相关信息；

（二）生物遗传资源使用方和持有方的详细信息；

（三）利用生物遗传资源的目的、用途、应用前景，生物遗传资源持有人惠益分享的形式、比例和分配方式；

（四）利用目的和用途转变后的惠益安排及其他事项；

（五）知识产权共有、技术转让以及其他体现国家利益的惠益分享安排；

（六）其他必要事项。

第十三条 利用生物遗传资源产生的惠益可采用货币惠益形式或非货币惠益形式进行分享。

第十四条 货币惠益可采用以下形式：

（一）利润约定分成；

（二）调查采集费；

（三）使用许可费；

（四）商业许可费；

（五）产品回收的最低收购价相关费用；

（六）其他货币惠益形式。

第十五条 非货币惠益可采用以下形式：

（一）参与科研或产品研发；

（二）共享研究成果的知识产权；

（三）为生物遗传资源原产地提供就业岗位，以及其他能够推动当地经济发展的方式；

（四）技术培训和技术指导；

（五）其他非货币惠益形式。

第十六条 市生态环境主管部门应当将生物遗传资源的研究、开发利用和惠益分享等情况，定期报自治区生态环境主管部门备案。

第十七条 生态环境、自然资源、农业农村、文化和旅游、林业等有关主管部门应建立健全生物遗传资源信息共享机制。

第十八条 利用生物遗传资源开展国际科学研究合作，或因其他特殊情况确需携带和寄递珍稀、濒危、特有、可能是新物种和新变种或具有重要价值的生物遗传资源出境，应符合国家及自治区有关法律要求，获得相关主管部门批准，相关主管部门应定期将有关资料抄送所在地生态环境主管部门。

第十九条 对珍稀、特有、有重要经济和科学研究价值或法律法规规定禁止出口的生物遗传资源，有关主管部门应当加强监管，制定有效的保护措施。

第二十条 本办法所称“生物遗传资源”，是指具有实际或者潜在价值的，来自植物、动物、微生物或者其他来源的具有遗传功能的生物材料、衍生物及其产生的信息资料。包括除人类遗传资源外的动物、植物和微生物等生物体的器官、组织、细胞、基因、DNA 片段等。

本办法所称“衍生物”，是指由生物遗传资源的遗传表达或新陈代谢产生的生物化学物质，以及直接以天然产物进行结构改造的类似物或利用生物遗传资源及其信息人工合成的化合物。

本办法所称“生物遗传资源相关传统知识”，是指各地在长期传统生产生活实践中创造、传承和发展的，有利于生物遗传资源保护和可持续利用的知识和做法。

本办法所称“持有人”，是指依法享有生物遗传资源所有权、占有权、使用权的法人、其他组织或自然人。

本办法所称“境外单位”，是指外国、港澳台的组织和个人在中国内地（大陆）投资设立或实际控制的法人或其他组织。

第二十一条 本办法由自治区生态环境厅负责解释。

第二十二条 本办法自印发之日起施行。

附件 6：西双版纳傣族自治州生物遗传资源获取与惠益分享管理暂行办法

第一条 为了保护生物多样性，加强生物遗传资源获取与惠益分享管理，促进生态文明建设，依据《中华人民共和国环境保护法》《云南省生物多样性保护条例》等有关法律、法规，结合本州实际，制定本办法。

第二条 本办法适用于本州行政区域内生物遗传资源获取与惠益分享的保护、利用、管理等活动。

本办法关于生物遗传资源的规定，适用于生物遗传资源相关传统知识（以下简称相关传统知识）。

法律、法规对生物遗传资源和相关传统知识获取与惠益分享另有规定的，从其规定。

第三条 本办法所称生物遗传资源，是指原产于或者来源于本州行政区域内，来自植物、动物、微生物，具有实际或者潜在价值的生物遗传材料、衍生物和相关信息资料，但不包括人类遗传资源。

本办法所称相关传统知识，是指各族群众及社区在长期的传统生产、生活实践中创造、传承和发展的，有利于生物遗传资源保护和可持续利用的知识、创新和做法，包括医药等相关传统知识。

本办法所称原始提供人，是指生物遗传资源原产地或者来源地的单位和个人。

本办法所称持有人，是指实际合法占有并直接提供生物遗传资源的单位和个人。

本办法所称获取人，是指采集、收集或者购买生物遗传资源等获取生物遗传资源的单位和个人。

本办法所称惠益，是指获取生物遗传资源所产生的获取费、研究资助、成果分享、技术转让和能力建设等货币或者非货币惠益。

第四条 生物遗传资源获取与惠益分享，应当遵循保护优先、公众参与、分类管理、利益平衡的原则。

第五条 各级人民政府应当加强对生物遗传资源获取与惠益分享管理工作的领导，鼓励和支持相关传统知识保护、传承和利用。

第六条 各级人民政府及其有关部门应当开展生物多样性保护和生物遗传资源获取与惠益分享的宣传教育工作，提高公众对生物多样性保护和生物遗传资源获取与惠益分享的意识。

任何单位和个人都有权向有关行政主管部门举报违反生物遗传资源获取与惠益分享的行为。

第七条 州生态环境主管部门负责指导、协调和监督本州行政区域内的生物遗传资源获取与惠益分享管理工作。具体职责包括：

（一）制定生物多样性保护规划；

（二）组织开展传统知识登记；

（三）建立西双版纳州生物遗传资源信息管理平台；

（四）制定生物遗传资源获取与惠益分享示范协议；

（五）协助其他主管部门监督、检查生物遗传资源获取、惠益分享、出境等活动；

（六）其他生物遗传资源获取与惠益分享管理相关工作。

州农业农村、自然资源规划、林业草原、卫生健康、文化旅游、市场监督管理、科技和有关海关等行政主管部门应当依照法律、法规规定，在各自职责范围内，负责生物遗传资源获取与惠益分享监督管理工作。

第八条 州人民政府设立州生物多样性保护机构，负责组织协调生物遗传资源保护和管理工作。

第九条 州生态环境主管部门应当会同有关部门编制州生物多样性保护规划或者计划，报州人民政府批准并公布实施。县（市）人民政府和有关部门组织制定有关规划应当与州生物多样性保护规划或者计划相衔接。

第十条 州、县（市）人民政府应当组织有关部门定期开展本行政区域内生物多样性资源普查和编目工作，查明生物遗传资源本底、获取与惠益分享情况。

第十一条 西双版纳州生物遗传资源信息管理平台（以下简称州信息管理平台）应当对生物遗传资源的名称、种类、来源、地理分布、原始提供人、持有人、主要用途等基本信息进行登记，收集并发布生物遗传资源保护、获取、惠益分享、出境等相关信息。依照法律、法规应当保密的信息除外。

州信息管理平台应当与其他各类生物资源、生物遗传资源数据库信息共享。

第十二条 州生态环境主管部门应当会同其他主管部门，对处于公共领域且可公开获取的相关传统知识的地理范围、原始提供人、持有人、基本类型、主要内容、用途、知识产权保护等信息进行登记，并定期在州信息管理平台发布。

鼓励高等院校、科研机构及其他利益相关人主动提供和登记相关传统知识。

尚未公开的相关传统知识，在登记时应当保密。未经传统知识原始提供人或者持有人同意的，不予登记。

第十三条 生物遗传资源的获取与惠益分享不得影响生物遗传资源遗传完整性，不得危及当地生态安全，不得损害公众健康。

第十四条 需要获取生物遗传资源及相关传统知识的，应当根据法律、法规和本办法第七条的规定向有关主管部门提出申请。获取人应当事先征得生物遗传资源或者相关传统知识原始提供人或者持有人的同意，并签订生物遗传资源获取与惠益分享协议。

村寨社区和当地居民基于日常生活和传统作业的需要，依据传统方式获取生物遗传资源的，无须提出申请和签订生物遗传资源获取与惠益分享协议。

第十五条 生物遗传资源获取与惠益分享协议一般包括下列内容：

（一）生物遗传资源名称、原产地或者直接来源地；

（二）生物遗传资源原始提供人或者持有人、获取人的详细信息；

（三）获取生物遗传资源的目的和用途；

（四）生物遗传资源原始提供人或者持有人参与惠益分享的方案，包括形式、内容、比例、分配方式和期限等；

（五）改变获取目的和用途的限制条件以及改变后的惠益分享安排；

（六）研究成果的知识产权归属；

（七）向第三方转让生物遗传资源的限制条件以及惠益分享要求；

（八）争议解决方式。

州生态环境主管部门会同其他主管部门制定生物遗传资源获取与惠益分享示范协议。

第十六条 外国组织或者个人获取和利用本州生物遗传资源的，应当遵守有关法律、法规规定。在签订的协议中应当明确约定，对研究过程的所有记录以及数据信息等有关资料，免费向国内的合作方提供共享。

第十七条 利用生物遗传资源完成发明创造申请专利的，申请人应当依照《中华人民共和国专利法》《中华人民共和国专利法实施细则》等法律、法规的规定，说明该生物遗传资源的直接来源和原始来源。

公开发表利用生物遗传资源完成的科研成果，发表人应当说明该生物遗传资源的直接来源和原始来源。

第十八条 生物遗传资源获取人应当按照下列规定向州信息管理平台备案：

（一）自生物遗传资源获取与惠益分享协议签订之日起三十日内进行备案；

（二）自办理生物遗传资源出境手续后三十日内将生物遗传资源出境审批文件备案；

（三）将生物遗传资源使用情况、申请知识产权和发表科研成果情况、向境外提供情况等信息及时备案。

州生态环境主管部门应当将备案信息同时通报州级其他有关主管部门。

第十九条 违反本办法规定，获取生物遗传资源，或者向境外提供生物遗传资源，侵害他人合法权益的，依法承担民事责任；构成犯罪的，依法追究刑事责任。

附件7：中国种子协会关于遵守农作物种质资源获取与惠益分享行为准则的倡议书

农作物种质资源是保障国家粮食安全与重要农产品供给的战略性资源，是农业科技原始创新与现代农作物种业发展的物质基础。为保护生物多样性、可持续利用农作物种质资源，建立适合我国国情的农作物种质资源获取与惠益分享机制，中国种子协会向广大会员发出如下倡议：

一、树立权利意识：承认并尊重农业种质资源保护者的贡献，承诺从事种质资源获取、科学研究、商业开发、国际合作等活动时不得损害其提供者的合法权益，建立分享机制，共享资源利用获得的利益。

二、遵守法律规定：自觉履行《中华人民共和国种子法》等农作物种质资源相关国内法律法规和政策，遵守我国加入的《生物多样性公约》《生物多样性公约关于遗传资源获取与惠益分享的名古屋议定书》《国际植物新品种保护公约》等相关多边协定。

三、提高风险意识：建立健全风险预防、减缓和应对机制和规程，维护农作物种质资源国家主权，以利于农业种质资源可持续利用方式开展相关活动，努力防止农作物种质资源的流失和丧失。

四、加强国际合作：强化农作物种质资源国际交流，加强与农业种质资源富集的国家和地区合作，丰富我国农作物种质资源种类，推动农业可持续发展。

附件 8：中国中药协会发布药用生物遗传资源获取与惠益分享行为准则

药用生物遗传资源及其相关传统知识（以下简称中药遗传资源）是中药行业赖以发展的基础，保护中药遗传资源，采用可持续利用的方式获取这些资源，并且公平公正地分享中药遗传资源带来的惠益，关系到中医药传承和发展。

规范中药遗传资源获取和利用行为，是我国履行《生物多样性公约》《濒危野生动植物种国际贸易公约》等国际规则需要，也是践行生态文明理念和树立我国负责任大国形象必然要求。

中国中药协会为指导成员单位合法合规开展中药遗传资源获取、商业利用、科学研究、国际合作、惠益分享等活动，由中国中药协会中药资源多样性与生态经济专业委员会联合相关机构制定本行为准则，具体如下：

一、名词术语

“药用生物遗传资源”，是指具有实际或者潜在中药价值的来自植物、动物、微生物或者其他来源的生物遗传材料、衍生物和相关信息资料，但不包括人类遗传资源。

“获取”，是指以对药用生物遗传资源进行研究和商业开发为目的，而采集、收集、捕捉或者购买药用生物遗传资源的行为或者活动。

“惠益”，是指获取和利用药用生物遗传资源所产生的货币或者非货币收益。

“利用”，是指对药用生物遗传资源进行研究或者商业开发。

“传统知识”，是指我国各族人民及地方社区在长期的传统生产生活实践中创造、传承和发展的，有利于生物遗传资源保护和可持续利用的知识、创新和做法。

二、编制依据

本行为准则编制依据包括但不限于《中华人民共和国中医药法》《中华人民共和国种子法》《中华人民共和国生物安全法》等，同时参考了《生物多样性公约》《濒危野生动植物种国际贸易公约》等及其相关议定书、行为准则的相关精神。

三、基本原则

（一）维护国家主权权利原则：中药遗传资源事关国家主权、安全和发展，中药遗传资源获取、利用、科研、国际合作等行为不得违背国家法律，不得损害国家利益。

（二）坚持可持续利用原则：中药遗传资源获取与利用相关行为应服从生态文明的整体布局，必须以可持续利用作为检验标准，不得毁灭性利用。

（三）坚持便利获取和促进惠益分享并重原则：中药遗传资源及其产生惠益为维护健康具有重要意义，应采用便利形式促进获取和友好方式分享惠益，共同促进资源保护。

四、行为规范

协会会员单位在开展中药遗传资源有关活动时应按照以下规范：

（一）资源保护

各相关方应充分认识到中药遗传资源的重要价值。自发保护中药遗传资源及其栖息地，配合资源普查和监测，加强资源的繁育与选育研究，不随意采挖破坏天然中药遗传资源。

维护国家生物遗传资源主权，不得非法携带或邮寄出境，努力防止生物遗传资源流失。

（二）资源获取

获取中药遗传资源应征得资源提供方、地方社区或资源管理方的事先知情同意，共同商定获取与使用条件，并签订中药遗传资源获取协议。

获取纳入《国家重点保护野生动物名录》《国家重点保护野生植物名录》《濒危野生动植物种国际贸易公约》附录等进行特殊管理的中药遗传资源，应遵守相关法律法规。

（三）资源利用

各有关方利用中药遗传资源应采用可持续方式，禁止导致资源严重衰退的利用。从事中药遗传资源科学研究相关方应规范材料交换和传递行为，防止中药遗传资源流失。

各有关方利用中药遗传资源时应遵守事先知情同意原则，在共同商定条件下签订公平合理的惠益分享协议。

中药遗传资源利用应以维护人类健康为出发点，不得利用中药遗传资源从事损害人类健康和威胁生态安全的活动。中药遗传资源利用还应防范外来物种入侵，防止实验材料外溢、规范实验材料释放和无害化处理。

（四）惠益分享

应认识到中药遗传资源保护依赖于各方共同努力，公平合理地分享因中药遗传资源利用所取得的权利和利益可以促进中药遗传资源保护。各有关方应维护国家和各有关方中药遗传资源有关利益。

惠益分享方式包括但不限于付费、分红等货币惠益和技术共享、联合开发等非货币惠益。鼓励开展惠益分享试点，创新惠益分享的方式和机制。

（五）国际合作

各有关方严格依照《生物安全法》等相关法律法规的规定，开展中药遗传资源对外提供和国际合作，保护中药遗传资源行业权益和国家利益。向境外提供涉及珍稀濒危等特殊管理的中药遗传资源，应遵守相应的法律法规要求。

在引进境外中药遗传资源时，应当遵守资源来源国和我国相关法律法规。不得擅自引进、释放或者丢弃外来中药遗传资源。

（六）风险管理

鼓励各相关方开展自查和评估，积极识别并管控中药遗传资源潜在风险，建立健全风险预防、减缓和应对机制。具体风险包括但不限于：流失他国风险、资源濒危灭绝及丧失风险、非法获取及非法贸易风险、提供者权益受损风险、生物安全风险等。

五、行为激励

协会鼓励会员联合中药遗传资源获取与利用的相关方以惠益分享基金、技术分享等方式，开展惠益分享的试点活动。鼓励会员自发总结典型案例和惠益分享模式。

协会对遵守本行为准则，促进规范开展中药遗传资源保护、获取、利用、国际合作、惠益分享等活动的会员，通过宣传、典型案例等方式予以激励。因违反相关法律法规引起不良影响的成员，除承担相关法律责任外，协会将依照章程进行从严处理。

六、本准则为自愿遵守，不具有法律约束力。

七、编制单位及人员

本准则由中国中药协会中药资源多样性与生态经济专业委员会、中国中医科学院中药资源中心、生态环境部对外合作与交流中心牵头编制。

起草组组长：黄璐琦

起草组成员：郭兰萍、杨光、杜金梅、赵富伟、杨庆文、王镥权、徐靖、池秀莲、程蒙、张小波

参考文献

[1] 王大星，徐冬. 阿勒泰羊品种遗传资源调查报告[J]. 草食家畜，2009（2）：38-40.

[2] 卢欣石. 中国苜蓿属植物遗传资源分类整理探究[J]. 中国草地学报，2009（5）：17-22.

[3] 尹明华，徐志坚，黄玮，等. 江西山药种质资源遗传多样性及其组培苗遗传稳定性的 RAPD 检测[J]. 中草药，2016（19）：3486-3493.

[4] 刘宜柏，孙义伟，黄英金，等. 水稻优质资源的筛选、鉴定及品质研究的综合报告[J]. 江西农业大学学报，1991（4）：310-315.

[5] 马月辉，吴常信. 畜禽遗传资源受威胁程度评价[J]. 家畜生态，2001（2）：8-13.

[6] 卢宝荣. 稻种遗传资源多样性的开发利用及保护[J]. 生物多样性，1998（1）：10.

[7] 张清奎. 传统知识、民间文艺及遗传资源保护模式初探[J]. 知识产权，2006（2）：3-9.

[8] 李凤琴. 论我国遗传资源的国家所有权[J]. 河南财经政法大学学报，2016（6）：59-66.

[9] 秦天宝. 论遗传资源获取与惠益分享中的事先知情同意制度[J]. 现代法学，2008（3）：80-91.

[10] 金世超，赵竹，张丽荣，等. 中国生物遗传资源出入境管理对策研究[J]. 植物检疫，2014（3）：58-62.

[11] 朱雪忠，杨远斌. 基于遗传资源所产生的知识产权利益分享机制与中国的选择[J]. 科技与法律，2003（3）：54-59.

[12] 马庆华，霍宏亮，陈新，等. 川榛遗传资源分类、分布及其研究利用现状分析[J]. 植物遗传资源学报，2014（6）：1223-1231.

[13] 王渭霞，朱廷恒，邵国胜，等. 杂草稻的分类、起源及利用研究进展[J]. 杂草科学，2005（2）：1-5.

[14] 薛达元，郭泺. 论传统知识的概念与保护[J]. 生物多样性，2009（2）：135-142.

[15] 周方. 传统知识的法律界定[J]. 情报杂志，2005（12）：101-104.

[16] 张小勇. 遗传资源国际法问题研究[M]. 北京：知识产权出版社，2017.

[17] 薛达元，秦天宝，蔡蕾. 遗传资源相关传统知识获取与惠益分享制度研究[M]. 北京：中国环境科学出版社，2012.

[18] Carrizosa S，Brush S B，Wright B D，et al. Accessing biodiversity and sharing the benefits：lessons from implementing the convention on biological diversity[R]. Gland and Cambridge：IUCN Environmental Law Centre，2004：28.

[19] National Interllectual Property Office of India. Biodiversity act 2002[EB/OL]. （2015-03-04）[2021-05-23]. http：//www. lawctopus. com/academike.

[20] 钱迎倩，季维智. 印度、泰国和越南生物多样性保护的管理[J]. 广西科学院学报，1996，12（Z1）：7.

[21] 杨彦偲. 中印南传统知识的知识产权保护法律制度比较研究[D]. 重庆：西南政法大学，2018.

[22] 邝燕平. 对传统知识“生物剽窃”行为的法律防治[D]. 广州：华南师范大学，2007.

[23] 周琳. 生物遗传资源及相关传统知识的知识产权保护[D]. 杭州：浙江大学，2014.

[24] 颜祥林，王婷婷. 传统知识的知识产权保护及其文献化策略[J]. 情报科学，2010，28（1）：128-131.

[25] 黄迎燕，贾丹明. 印度的传统知识数字图书馆介绍[J]. 专利文献研究，2005（1）：21-26.

[26] 温芽清. 中国传统知识传承与保护的媒介——基于印度《传统知识数字图书馆》的分析[J]. 经济与管理，2008（8）：91-95.

[27] 黄迎燕，贾丹明. 印度的传统知识数字图书馆介绍[J]. 专利文献研究，2005（1）：21-26.

[28] Curci J. The protection of biodiversity and traditional knowledge in international law of intellectual property[M]. Cambridge：Cambridge University Press，2009.

[29] 任虎，刘美君. 韩国韩医药育成法律制度研究[J]. 华东理工大学学报（社会科学版），2016，31（5）：52-58，78.

[30] 中国新闻网. 中韩生物医药产业“云交流”促新商机[EB/OL]. （2020-10-29）[2021-06-01]. http：//news. pharmnet. com. cn/news/2020/10/29/546907. html.

[31] 宋亨根. 保护生物多样性以及可持续利用的韩国政策概况[J]. 中外企业文化，2019（7）：32-33.

[32] OH Choong Hyeon，JEONG Bo Kwang. Village woods and agricultural biodiversity in south korea[J]. Journal of Resources and Ecology，2014，5（4）：301-305.

[33] 韩国医药产业发展状况的调研[EB/OL]. （2019-04-17）[2021-06-01]. http：//www. fredamd. com/hydt/9434.

[34] South Korea protects national cuisine. Intellectual property &technology journal[EB/OL]. （2014-07-14）[2021-06-01]. https：//www. iptjournal. com/south-korea-protects-national-cuisine/.

[35] 贾世敬，柳长华，孙嘉，等. 韩国传统知识门户（KTKP）分析与中医药对策[J]. 世界中医药，2017，12（4）：925-928，932.

[36] 韩国知识产权局. KTKP：韩国传统知识门户[EB/OL]. （2007-12-06）[2021-06-01]. https：//www. koreantk. com.

[37] 要然，王冠瑶，董林水. 浅析传统知识数据库及其应用[J]. 中国发明与专利，2013（6）：

50-53.

[38] 宋亨根. 保护生物多样性以及可持续利用的韩国政策概况[J]. 中外企业文化，2019（7）：32-33.

[39] 邹玥屿，李一丁. 韩国遗传资源相关法律制度介评[J]. 中央民族大学学报（自然科学版），2018，27（4）：14-19，32.

[40] 宋健，宋晓亭. 中医药传统知识的防御性保护探究[J]. 中国卫生法制，2021，29（1）：6-10.

[41] 梁锺承. 韩国的文化保护政策：无形文化财与它的持有者[EB/OL].（2006-05-09）[2021-06-01]. http：//www. ihchina. cn/luntan_details/8556. html.

[42] 李昭. 遗传资源和传统知识来源披露问题全球制度纵览[J]. 中国发明与专利，2008（11）：41-44.

[43] 白智妍. 中韩自由贸易协定中的知识产权条款解读[J]. 南海法学，2020，4（1）：104-114.

[44] 孙芝英，韩雪华. 中国遗传资源 ABS 体系研究及对韩国的启示——以名古屋议定书 ABS 有关的中国法制为中心[J]. 东北亚法研究，2019，9（1）：177-203.

[45] 党志政.《东医宝鉴》引录中医文献研究[D]. 北京：中国中医科学院，2005.

[46] 龙文. 知识财产宁有种乎？——信息化时代传统知识保护制度的理论与实践[J]. 贵州师范大学学报（社会科学版），2019（5）：149.

[47] 严永和. 论传统知识的知识产权保护[M]. 北京：法律出版社，2006.

[48] 金锡华. 关于我国传统知识、遗传资源的保护——以来源披露为论点[J]. 贵州民族学院学报（哲学社会科学版），2010（1）：121.

[49] 邓富国，易继松. 传统知识来源披露产生机理研究[J]. 河北法学，2008（12）：102-103.

[50] World Intellectual Property Organization. Documenting：Traditional Knowledge-A Toolkit [EB/OL].（2017-12-08）[2020-02-21]. http：//www. wipo. int/edocs/pubdocs/en/wipo_pub_1049. pdf.

[51] 马治国，权彦敏. 基于 TRIPs 协议框架下的传统知识保护问题[J]. 西安交通大学学报（社会科学版），2004（3）：76-79.

[52] 古祖雪. 基于 TRIPs 框架下保护传统知识的正当性[J]. 现代法学，2006（4）：136-141.

[53] 古祖雪. TRIPs 框架下保护传统知识的制度建构[J]. 法学研究，2010（1）：197-208.

[54] 杨明. 传统知识的法律保护：模式选择与制度设计[J]. 法商研究，2006（1）：114-120.

[55] 古祖雪. 论传统知识的可知识产权性[J]. 厦门大学学报（哲学社会科学版），2006（2）：1-7.

[56] 安守海. 传统知识保护的客体和主体分析[J]. 知识产权，2008（3）：59-53.

[57] 周方. 传统知识法律保护模式比较研究[J]. 科技与法律，2009（2）：32-37.

[58] 周方. 传统知识权的法律界定[J]. 西安交通大学学报（社会科学版），2011（5）：91-98.

[59] 周方. 传统知识的法律界定[J]. 情报杂志，2005（12）：101-105.

[60] 徐家力. 传统知识的利用与知识产权的保护[J]. 中国法学，2005（6）：113-120.

[61] 宋晓亭. 对传统知识赋权的法理分析及其权利特征的讨论[J]. 西安交通大学学报（社会科学版），2008（1）：50-53，77.

[62] 严永和. 论传统知识的地理标志保护[J]. 科技与法律，2005（2）：107-110.

[63] 蓝寿荣，谢英姿. 若干国家传统医药知识的实践及其启示[J]. 中国软科学，2005（7）：90-99.

[64] 李长健，徐海萍. 传统知识的知识产权保护正当性研究[J]. 时代法学，2007（3）：11-17.

[65] 李祖明. 传统知识视野下的地理标志保护研究[J]. 知识产权，2009（1）：10-15.

[66] 邓富国. 传统知识保护地源披示模式展析及我国的应对[J]. 浙江社会科学，2008（6）：55-60，127.

[67] 邓富国，曹俊，李珍萍. 我国基因资源地源披示制度的构建与完善——以各国立法规则模式为切入点[J]. 政治与法律，2009（2）：124-132.

[68] 秦天宝. 遗传资源获取与惠益分享的法律问题研究[M]. 武汉：武汉大学出版社，2006.

[69] McCluskey K，Barker K B，Barton H A，et al. The U. S. culture collection network responding to the requirements of the nagoya protocol on access and benefit sharing[EB/OL]. [2017-08-15]. https：//doi. org/10. 1128/mBio. 00982-17.

[70] Laird S A，Wynberg R P. The emergence and growth of digital sequence information in research and development：implications for the conservation and sustainable use of biodiversity，and fair and equitable benefit sharing：A fact-finding and scoping study undertaken for the secretariat of the convention on biological diversity[EB/OL]. [2017-11-09]. https：//www. cbd. int/abs/ahteg/DSI_study_peer_review_Nov9. pdf.

[71] Welch E W，Bagley M，Kuiken T，et al. Potential implications of new synthetic biology and genomic research trajectories on the international treaty for plant genetic resources for food and agriculture[EB/OL]. [2018-08-08]. https：//papers. ssrn. com/sol3/papers. cfm？abstract_id=3173781.

[72] 胡玉坤. 转型期中国的“三农”危机与社会性别问题——基于全球化视角的探究[J]. 清华大学学报（哲学社会科学版），2009，24（6）：54-69，158-159.

致　谢

本书是生态环境部对外合作与交流中心实施的全球环境基金（GEF）建立和实施遗传资源及其相关传统知识获取与惠益分享的国家框架项目成果的梳理与总结。ABS 项目从开始设计到结项历时逾十年，在此过程中得到了相关主管部门、国际机构、合作伙伴机构和专家的大力支持，在此，特别感谢合作机构和个人。他们是：

一、项目主管部门

1. 财政部国际财金合作司
2. 生态环境部自然生态保护司
3. 生态环境部国际合作司

二、项目国际机构

联合国开发计划署

三、试点省（区）生态环境厅、局及相关合作单位

1. 湖南省生态环境厅
2. 云南省生态环境厅
3. 广西壮族自治区生态环境厅
4. 云南省生态环境对外合作中心
5. 广西壮族自治区环境保护对外合作交流中心
6. 湖南省湘西州生态环境局
7. 湖南省湘西州生态环境局保靖分局
8. 湖南省湘西州生态环境局古丈分局
9. 云南省西双版纳州生态环境局
10. 云南省西双版纳州生态环境局景洪分局
11. 桂林市生态环境局
12. 桂林市荔浦生态环境局
13. 桂林市龙胜生态环境局

14. 防城港市生态环境局
15. 防城港市防城生态环境局
16. 防城金花茶国家级自然保护区管理中心

四、社区

1. 湖南省保靖县吕洞山镇黄金村
2. 湖南省永顺县高坪乡高坪村
3. 湖南省凤凰县腊尔山镇追高鲁村
4. 湖南省泸溪县潭溪镇潭溪社区
5. 湖南省古丈县古阳镇排茹村
6. 云南省西双版纳州景洪市勐罕镇政府
7. 云南省西双版纳州景洪市大渡岗乡大荒坝村、曼糯村
8. 云南省西双版纳州景洪市勐罕镇曼远村
9. 云南省西双版纳州勐腊县勐仑镇大卡寨村
10. 广西壮族自治区防城港市防城区冲稔村、那排村、那湾村、那夏村、那梭村
11. 桂林市龙胜各族自治县龙胜镇金车村

五、企业

1. 湖南保靖黄金茶有限公司
2. 湖南英妹子茶业科技有限公司
3. 湘西芙蓉资源农业科技有限公司
4. 湘西老爹生物有限公司
5. 湘西自治州泸溪辛女食品有限公司
6. 云南雅解傣药堂科技有限公司
7. 云南澜湄生物文化保护研究有限公司
8. 广西桂人堂金花茶产业集团股份有限公司
9. 广西中港高科国宝金花茶产业有限公司
10. 广西国茗金花茶科技有限公司
11. 广西宝树金花茶有限公司
12. 桂林吉福思罗汉果生物技术股份有限公司
13. 桂林丰润莱生物科技股份有限公司
14. 责扬天下（北京）管理顾问有限公司

15. 北京植物医生生物科技有限公司
16. 诺维信（中国）投资有限公司
17. 云南乡村之眼乡土文化研究中心
18. 贵州省地理标志研究会
19. 北京东巴文化艺术发展促进会
20. 中联文广（北京）国际文化发展有限公司

六、科研院所

1. 中国环境科学研究院
2. 生态环境部南京环境科学研究所
3. 长沙环境保护职业技术学院
4. 吉首大学
5. 广西大学
6. 中国科学院西双版纳热带植物园
7. 云南西双版纳国家级自然保护区科学研究所
8. 西南林业大学
9. 中国科学院昆明植物研究所
10. 中国科学院上海营养与健康研究所
11. 中国农业科学院作物科学研究所
12. 中国政法大学环境资源法研究所
13. 中国农业大学资源与环境学院
14. 中国中药科学院中药资源中心
15. 中国检验检疫科学研究院
16. 自然资源部海洋发展战略研究所
17. 嘉兴学院文法学院
18. 中国社会科学院法学院
19. 中国林业科学研究院林业研究所
20. 中央民族大学生命与环境科学学院
21. 对外经济贸易大学法学院

七、个人

（一）专家学者

1. 薛达元　前项目首席专家，中央民族大学

2. 裴盛基　中国科学院昆明植物研究所
3. 王跃虎　中国科学院昆明植物研究所
4. 杨　珺　中国科学院昆明植物研究所
5. 张风春　中国环境科学研究院
6. 徐　靖　中国环境科学研究院
7. 杨庆文　中国农业科学院
8. 李明福　中国检验检疫科学研究院
9. 王庆刚　中国农业大学
10. 于文轩　中国政法大学
11. 秦天宝　武汉大学环境法研究所
12. 王镥权　嘉兴学院
13. 杨　光　中国中药科学院中药研究所
14. 陈　蒙　中国中药科学院中药研究所
15. 张小勇　中国社会科学院大学
16. 刘冬梅　中国环境科学研究院
17. 肖能文　中国环境科学研究院
18. 郑苗壮　自然资源部海洋发展战略研究所
19. 戴　蓉　生态环境部南京环境科学研究所
20. 周　琼　中央民族大学
21. 龙　文　国家知识产权局
22. 边永民　对外经济贸易大学
23. 江洪波　中国科学院上海营养与健康研究所
24. 于建荣　中国科学院上海营养与健康研究所
25. 毛开云　中国科学院上海营养与健康研究所

（二）湖南省试点示范项目

湖南省生态环境厅：刘群、熊业新、葛倩

长沙环境保护职业技术学院：杨利平、吴玉、罗灿、刘辉、张春霞

湘西苗族土家族自治州生态环境局：向文富、曹建兵、廖湘莲、陈蓉、王琛、刘红艳、肖珍辉、王世军

（三）广西壮族自治区试点示范项目

广西壮族自治区生态环境厅：黎敏、欧波、邓超冰、陈继波、郑里华、黄建、李维龙、于浩龙、谢探春

广西壮族自治区环境保护对外合作交流中心：林卫东、温红芳、欧芳、定敏、

朱开显、曹胜平、黄淑娟、赵栩、陈何潇、申星星、赵伟、赵华航

广西壮族自治区环境保护科学研究院：宁耘

广西壮族自治区环境保护宣传教育中心：梁雅丽

广西壮族自治区生态环境监测中心：潘柳青

桂林市生态环境局：曾鸣、马伟荣、黄永杰、赖锦秀

桂林市生态环境监测中心：蒋永光

桂林市龙胜生态环境局：刘发军、庾秀君

桂林市荔浦生态环境局：钟小芳

防城港市生态环境局：廖起飞

防城港市防城生态环境局：唐国富、黄晓婷

河池市生态环境局：黄勇

防城金花茶国家级自然保护区管理中心：廖南燕、简进龙

广西大学：曲显合

主要合作单位专家：李梅、庞梦豪、董明泉、李其勇、李典鹏、冯春梅、苏家联、李彤、李晴、韦凤英、钟鸣

（四）云南省试点示范项目

云南省生态环境厅：高正文、夏峰、许云华、孟广智、胡箭、罗键

云南省生态环境对外合作中心：王云斋、崔震宇、平云鹏、赵铮、李江平、毕舒林、夏绍嫘、孔雪莹、杨涵

西双版纳州生态环境局：徐昕、王东、张燕、黄玫

云南乡村之眼乡土文化研究中心：吕斌、王滴、高毓林

云南大学生态学与环境学院：耿宇鹏

中国科学院昆明植物研究所：王跃虎、杨珺